康有为"变法"理论探析

EXPLORATION ON THE
THEORY OF KANG YOUWEI'S
REFORM MOVEMENT

陆任驰 著

图书在版编目(CIP)数据

康有为"变法"理论探析/陆任驰著. -- 北京：当代中国出版社, 2024.11. -- ISBN 978-7-5154-1489-8

Ⅰ. B258.5

中国国家版本馆 CIP 数据核字第 2024RC1585 号

出 版 人	蔡继辉
责任编辑	姜楷杰　马凡钧
责任校对	贾云华　康　莹
责任印务	刘艳平
封面设计	宋　涛　鲁　娟
出版发行	当代中国出版社
地　　址	北京市地安门西大街旌勇里 8 号
网　　址	http://www.ddzg.net
邮政编码	100009
编 辑 部	（010）66572264
市 场 部	（010）66572281　66572157
印　　刷	中国电影出版社印刷厂
开　　本	710 毫米×1000 毫米　1/16
印　　张	14 印张　1 插页　116 千字
版　　次	2024 年 11 月第 1 版
印　　次	2024 年 11 月第 1 次印刷
定　　价	68.00 元

版权所有，翻版必究；如有印装质量问题，请拨打（010）66572159 联系出版部调换。

前　言

作为戊戌启蒙思想家当中的代表人物之一，康有为的平等思想、孔教思想，以及其在戊戌时期所提出的诸多变法策略，前人都已经有过颇多的著述。然而，对于康有为"三世进化"的"变法"理论，以及由此衍生出的"虚君共和"的改革策略，学界却少有涉及。本书将以康有为的"变法"理论当中所提及的"三世进化论"作为考察线索，通过概念分析和文本细读等方法，结合当时康有为面对的中国长期以来所形成的复杂社会结构，就康有为思想当中的"三世进化"及其"虚君共和"的"变法"策略等议题进行梳理、诠释。

康有为"变法"时所面对的是由独特的宗法制度所构造的一个政治、文化以及经济制度共同交织而成的中国社会，在这种稳定而复杂的社会结构以及沉重的历史包袱所形成的巨大惯性的作用下，中国的社会改革变得尤为困难。因此，在这种复杂的背景之下，康有为选择了介于洋务派和革命派之间的一条相对缓和的改革之路——一方面，康有为选择了"托古改制"的方式来包装其"变法"理论；另一方面，康有为始终坚持其"三世进化"的理论，主张当时的中国应当暂时保留君主而非直接过渡到民主共和制度。

"三世进化论"是康有为"变法"改革当中的一个重要的理论依据。康有为以近代进化论思想为底色，使其与公羊学当中的"三世"理论以及《礼记·礼运》当中的"小康""大同"思想融合在一起，从而系统地提出了"三世"说历史进化论。通过对康有为的著述进行梳理和比对不难发现，康有为的"变法"理论，其实质来源于西方的启蒙思想，之后又从传统公羊学的"三世""三统"学说中汲取理论资源；在公羊学的启发下，康有为把刘歆（约前50—23）"伪造"的古文经论证为淆乱经学正统的祸源，并通过诠释古史茫昧无稽、诸子创教改制等命题的方式来烘托"孔子改制"，以期将"孔子改制"论证为孔门真义。康有为如此这般的目的在于以"托古改制"的名目为其"变法"理论寻求当时话语体系下的合理性。这种运用训诂来对儒学思想进行重新解释的方式使得康有为的"变法"理论显得既"知通"，又"知本"，从而避免了"非薄名教"的诘难。在当时的社会环境之下，这样的"伪装"无疑为康有为的理论扫除了不少的障碍，却也难免被人指摘为"阳尊孔子、阴祖耶稣"。

在"变法"的具体措施上，康有为选择了"虚君共和制"并强调政府在改革当中的引导作用。在"三世进化论"中，康有为提出人类社会是在持续地进化发展的；人类社会的历史始终沿着从"据乱世"发展到"升平世"再发展到"太平世"的轨道逐步前行，从君主专制进入君主立宪并最终走向民主共和。基于这套理论及对当时中国社会的判断，康有为先后提出了"君主立宪"和"虚君共和制"的"变法"策略。康有为虽然"尊君"，但是这并不意味着他对清朝或者皇权有着怎样的迷恋，实质上，康有为始终深信共和才是最优良的政体。然而，基于他的"三世"理论及其对当时中国的判断，康有为坚定地认为"皇帝"在当时的中国仍有存在的必要——当时的中国所需要的仅仅是一个精神领袖。这个精神领袖的产生不能依靠选举而只能世袭，这样国家就不会在精神领袖产生和更替时陷入纷乱。至于从康有为提出的"三世"学说来看，在康有为的计划当中，即使君主立宪制本身，最终也是要归结于"民治"的，因而，康有为并不是如一般人所认为的那样单纯地"忠君"或者主张"君治"。此外，这个作为一个国家精神领袖的君主，其领导的强势的政府，可以在"民智"未开之时教导人民如何正确地实现国家现代化。

本书紧密依托文献对康有为的"变法"理论进行探讨，以避免将康有为的"变法"理论简单地贴上"政治幌子"的标签。同时尽可能地通过史料还原当时的社会环境，以求更好地理解康有为的"变法"路线。

目 录

引 论 / 001
  一、问题由来 / 003
  二、研究综述 / 010

第一章　时代背景 / 027
 第一节　宗法制度下的社会结构 / 029
  一、传统文化的影响 / 030
  二、皇帝、贵族与平民，三方之间的博弈 / 036
 第二节　康有为"变法"的时代背景 / 050
 第三节　康有为个人的文化、思想背景 / 053

第二章　康有为"变法"理论的哲学基础 / 057
 第一节　康有为"变法"理论的形成与转变 / 060
  一、"儒学新诂" / 060
  二、"阳尊孔子，阴祖耶稣" / 069
 第二节　康有为的"三世进化论" / 095
 第三节　改革"中体"的"变法"理论 / 099

第三章　康有为"变法"理论的内在逻辑 / 105

第一节　民主的夙愿 / 107

第二节　"虚君共和制"的由来 / 111

第三节　对共和的担忧 / 117

第四节　对革命的抵制 / 124

第五节　对于政府改革的设想 / 141

第六节　对于经济改革的设想 / 145

第四章　康有为的"未来中国" / 155

第一节　两个文明的交融 / 157

第二节　现代化的进路构想 / 165

第三节　走向大同的政治理想 / 172

结　语 / 183

参考文献 / 190

引论

一、问题由来

康有为（1858—1927）又名祖诒，字广厦，先后号长素、明夷、更生、更甡、天游化人、西樵山人、南海老人，祖籍广东，是中国近代史上举足轻重的一位思想家、改革家、学者。

作为戊戌变法运动的主要领导人，同时又是积极学习西方和明治日本的先驱者，"站在时代的前列，在政治、思想、学术领域内，进行了具有开拓性意义的可贵探索"①的康有为无疑是近代中国历史上具有重要影响力、又颇具悲情色彩的历史名人：在变法运动时期崭露头角，策划公车上书、领导戊戌变法，以一介布衣的身

---

① 姜义华、张荣华编校:《康有为全集》第一集，中国人民大学出版社2007年版，"前言"第4页。

份在中国政治史上留下了重要的一笔；由此而及以后的30余年的岁月中，康有为一直活跃、奔波于政治思想舞台的聚光灯下，在19世纪末期至20世纪初期的中国社会中留下了浓墨的足迹。然而，康有为在戊戌变法之后的一系列政治活动——诸如高举"保皇"大旗、参与张勋复辟、主张建立孔教等，并没有得到后人的认同，反倒是诟病居多。在"革命""进步"的历史观下，康有为逐渐退出历史舞台，被贴上了"落伍""开历史倒车"等标签，在思想史上也被迫淡出。这些无疑在某种程度上影响了时人对康有为思想认识与评价的整体性和客观性。其颇为复杂的思想体系，更为他带来了诸多的争议。

虽然在"保皇"的旗帜下，康有为于辛亥革命前后对"皇帝"的权力、地位、职责等方面的设计有着较大的转变，但其理论基础却从未偏离过"三世进化"的理论体系。然而，学界对康有为的思想以及其政治改革的研究大多集中在戊戌变法、大同学说等方面，对康有为以公羊学为基础的学术思想、经学新诠却并没有深入地发掘，这就使得康有为的"变法"理论背后的哲学思想仅仅被视作政治改革的幌子，对其内涵尚且不能做到全面、客观的了解，更遑论对其价值与意义的认同。

与此同时，由于康有为选择以至圣先师孔子（前

551—前479）的言论为其变法的依据，又在其中融入了西方的启蒙思想，更加使得学者、思想家、政治家们对康有为的评价显得判若云泥：安维峻（1854—1925）说他"惑世诬民，非圣无法"；梁启超（1873—1929）说他"是最富有自信力的人"[①]；同为清末思想家的章太炎（1869—1936）用一副隐字联讥讽他是"国之将亡必有；老而不死是为"。有人说他是圣人，是一个伟大的改革者，重建了儒学[②]，也有人斥他为儒家的叛徒，甚至根本不愿把他纳入儒家的体系当中。[③]

为了使其理论得以自圆其说，康有为对经学的诸多经典也秉持着"随意取用"的态度。这使得即便仅从康有为的经学思想而言，世人对其的评价依旧是褒贬不一。有人认为康有为的今文经学思想实为剽窃他人的，据此注疏亦是附会穿凿，而康有为为学的基本目的就是为其政治运动作张目，因此没有学术价值。苏舆（1874—1914）称其为"缘引傅会，以自成其曲说……沿讹袭谬，流为隐怪，几使董生纯儒蒙世诟厉，岂不异哉！"[④]刘师

[①] 梁启超：《南海康先生传》，载姜义华、张荣华编校：《康有为全集》第十二集，中国人民大学出版社2007年版，第438页。
[②] Arthur F.Wright, *Buddhism in Chinese History*, Stanford University Press, p.111.
[③] 钱穆：《中国近三百年学术史》下册，商务印书馆1997年版，第704—708页。
[④] 苏舆撰：《春秋繁露义证》，钟哲点校，中华书局1992年版，"自序"第1—2页。此论是苏氏针对康有为《春秋董氏学》而发。

培（1884—1919）则评价其"颠倒群经，以伸己见，其择术则至高，而成书则至易。外托致用之名，中蹈揣摩之习，经术支离，以兹为甚"①。钱穆（1895—1990）先生称康有为"盖长素《伪经考》一书，亦非自创，而特剽窃之于川人廖平。……《伪经考》所持，为事理之万不通者尚多，论大体亦无是处。……长素抹杀一切，强辩曲解，徒乱后生耳目也。……康、廖之治经，皆先立一见，然后搅扰群书以就我，不啻'六经皆我注脚'矣，此可谓之考证学中之陆王。而考证学遂陷绝境，不得不坠地而尽矣"②。孙钦善（1934—）则评价康有为"主观武断，强辨古文经之伪；尊崇公羊学，在群书校释上穿凿附会……把《春秋》义例之说附会到无以复加的程度，并且为我所用，比附现实世界，倡言变法改良"③。

与之相对，仍有不少人认为康有为的今文经学思想对清代以来的正统派经学研究起到了"矫正"的作用，提供了一种重新审视、考订、评判经典的视角，此外，康有为的学说也体现了西汉今文经学"经世""讽世"等特征，具有强烈的时代气息，并在经典诠释中融

---

① 刘师培：《近代汉学变迁论》，载李妙根编，朱维铮校：《刘师培辛亥前文选》，中西书局2012年版，第152—153页。
② 钱穆：《中国近三百年学术史》下册，商务印书馆1997年版，第713、723页。
③ 孙钦善：《中国古文献学史简编》，北京大学出版社2008年版，第578—582页。

入了救治现实社会的思考,是朝向今文经学原初精神的回归。梁启超表示:"清学正统派之立脚点,根本动摇;……一切古书,皆须从新检查估价;此实思想界之一大飓风也。……有为之治《公羊》也,不断断于其书法义例之小节,专求其微言大义,即何休所谓非常异义可怪之论者。"①周予同(1898—1981)称:"(《新学伪经考》)是晚清今文经学的总结,在经学史上有地位,斗争性强,但很武断;材料丰富,又有结论。……(《孔子改制考》)做'立'的工作,结论虽武断,但材料还是有用的。……康有为是清今文学的最后大师,以后就没有大师了,作为经学,至此完结。"②"康有为主张保皇,主张复辟……但他的荒谬的行动自有其学术上的根据……在他的学术立场说,在他的大同思想上说,所谓满汉民族之争,真'卑之不足高论'呢!"③顾颉刚(1893—1980)认为:"(《新学伪经考》)的论辩的基础完全建立于历史的证据上,要是古文的来历确有可疑之点,那么,康长素先生把这些疑点列举出来也是

---

① 梁启超:《清代学术概论》,载《梁启超论清学史二种》,朱维铮校注,复旦大学出版社1985年版,第64页。此论为梁氏针对康有为《新学伪经考》《孔子改制考》等书而发。
② 周予同:《中国经学史讲义》,载朱维铮编校:《周予同经学史论》,上海人民出版社2010年版,第627—628页。
③ 周予同:《康有为与章太炎》,载朱维铮编校:《周予同经学史论》,上海人民出版社2010年版,第72页。

应有之事。……(《孔子改制考》)第一篇论上古事茫昧无稽……下面汇集诸子托古改制的事实,很清楚地把战国时的学风叙述出来,更是一部绝好的学术史。……我的推翻古史的动机固是受了《孔子改制考》的明白指出上古茫昧无稽的启发,到这时更倾心于长素先生的卓识"①。钱玄同(1887—1939)说:"康长素(有为)先生的《新学伪经考》,是一部极重要极精审的'辨伪'专著。……故二十年来对于青年学子们常常道及这书,认为这是治国故的人们必读的一部要籍,无论是治文学的,治历史的,治政治的,乃至治其他种种国故的,都有读它的必要。"②陈其泰(1939—)评价说:"康有为阐释的公羊新学说,比起旧的传统思想具有重大进步意义,因而是近代哲学史上非常重要的理论成果。……康有为的新公羊三世说,实具有远比前人丰富得多的内容,并具有向西方学习、要求在中国实现资本主义的强烈的时代气息。"③

一方面,从上述这些著名学者的评断可以看出,对

---

① 顾颉刚:《〈古史辨〉第一册自序》,载顾颉刚:《古史辨自序》上册,河北教育出版社2000年版,第42、43、59页。
② 钱玄同:《重论经今古文学问题(方国瑜标点本《新学伪经考》序)》,载《钱玄同文集(第四卷)·文字音韵 古史经学》,中国人民大学出版社1999年版,第132—135页。
③ 陈其泰:《清代公羊学(增订本)》,上海人民出版社2011年版,第244、248页。

于康有为的"变法"理论的评价,学者们竟有着天壤之别。而另一方面,在"世界潮流,浩浩荡荡,顺之则昌,逆之则亡"①的年代里,公然提出"保皇"的康有为也着实把自己放在了革命的对立面。

康有为因反对辛亥革命和民国,更参与了民国六年(1917年)的张勋(1854—1923)复辟,而被普遍地认为若非叛国,至少也是反动的行为,张静江(1877—1950)更是直接将其斥为"保皇余孽"②。然而,这样的简单对立使得世人很难再对康有为"保皇"的原因进行更加全面地了解。事实上,虽然打着"保皇"的旗号,康有为却始终拥护"国为公有"③,坚定地反对着专制。同时,相比较辛亥革命之前康有为所努力推行的君主立宪制度,辛亥革命之后的康有为所致力的"虚君共和制",在对"皇帝"的设计上更多的只是安排其做一个精神上的领袖而已。此外,如果重新审视封建时期中国的社会格局的话,正如张泰苏(1982—)教授所言,中国古代实际上并非如马克斯·韦伯(Max Weber,1864—

---

① 1916年9月孙中山到海宁盐官观看钱塘江大潮,回上海后即写下了名言:"世界潮流,浩浩荡荡,顺之则昌,逆之则亡。"
② 1927年康有为病逝于青岛,时值北伐军进入江浙,时任浙江省主席的张静江以康有为系"保皇余孽,占据公产"为由封闭康居"天游园"。
③ 康有为:《告国人书》,载张荣华编:《中国近代思想家文库·康有为卷》,中国人民大学出版社2015年版,第518页。

1920)与卡尔·魏特夫(Karl Wittfogel, 1896—1988)对于中国法律传统的"非理性"或简单"东方专制主义"所归类的那些结论。①皇帝、贵族和平民形成了一种特殊的三方博弈,而冯亚东(1953—)教授将其描述为"政治上树权威,经济上保平等,文化上促和谐"。这就意味着"皇帝"这一符号在中国社会的意义绝不仅仅是一个单纯的封建统治者那么简单,而在那样的环境之下贸然地把皇帝赶下台也许并非一种最佳的选择。

从康有为的著述来看,康有为并非一个传统意义上的中国士大夫。虽然康有为一直自诩"托古改制",但正如萧公权(1897—1981)教授所言,康有为的这种"对儒学的新诂",其本质思想并非完全来自中国传统儒家而同时兼有西学的部分。当把问题进一步聚焦于康有为的"三世"理论时,便会发现虽然康有为明示其理论来自公羊学说,但又能从中隐隐看出"社会进化论"的底色。

二、研究综述

在对康有为的"变法"理论进行论述之前,首先需要对关于康有为的相关研究作一个简要的概述,以便能够在前人的研究成果上有所突破,以较新的视角重新审

---

① 参见[美]魏特夫:《东方专制主义》,徐式谷等译,中国社会科学出版社1989年版。

视康有为"变法"的相关理论。

对于康有为的研究,从其家世生平、政治活动,到戊戌维新失败之后组织保皇会、倡导孔教,乃至民国六年参与的张勋复辟,前辈学者都有着较为深入的考察。特别是康有为与戊戌变法方面的研究,新中国成立之后,由于关涉中国近代史上"中国失败,日本成功"的比较史研究颇为热门,这在无形中为戊戌变法运动的研究提供了极大的助力。①

关于戊戌变法时期的康有为的研究,一直是对康有为研究的热点。这方面的代表作有汤志钧(1924—2023)的《戊戌变法史》。该书材料丰富,引证严谨,详细地介绍了自中日甲午战争以来中国的政局、康有为早期变法活动、湖南维新运动、保国会、改良派、百日维新及戊戌变法失败原因与意义等论题。此外,汤志钧还在书末将1884年至1901年的史实编纂为大事记,展示了整个戊戌变法时期的政治变革情况。与此同时,汤志钧还撰有《戊戌变法人物传稿》。该书以戊戌变法这一政治变革为中心,对戊戌时期的改良派、帝党,以及慈禧(1835—1908)、荣禄(1836—1903)、袁世凯(1859—1916)等顽固派的言论、事迹均作了简要

---

① 由于海内外对康有为的研究主要侧重于史实领域,所以在涉及康有为生平、政治活动的史实方面有着颇为丰富的文献。

的传述，对于了解戊戌时期的局势、人物、事变很有帮助。汤志钧还撰有《康有为与戊戌变法》《戊戌变法史论丛》等书，对康有为在戊戌变法前后的"今文经学立场""孔子改制""维新""改良"等思想进行了专题论述，解决了许多文献形成、思想溯源方面的问题，较为深入地分析了康有为"变法"思想的内涵。

另外，汪荣祖（1940—）在《历史研究》中有一篇《也论戊戌政变前后的康有为》，也可作为重要的参考文献。此外，在历史资料的汇纂方面，中国史学会主编的《戊戌变法》史料集，对文献收集十分详尽；翦伯赞（1898—1968）、郑天挺（1899—1981）主编的《中国通史参考资料近代部分（修订本）》为戊戌前后的史实一一编列标题，列举史料，详而不芜。另有国家档案局明清档案馆编的《戊戌变法档案史料》，也与以上数种资料相得益彰。

关于戊戌变法史实的考证，也有若干著作十分具有参考价值。如茅海建（1954—）的《戊戌变法史事考》与《戊戌变法史事考二集》，利用中国第一历史档案馆、台北故宫博物院文献馆等大量档案材料，对戊戌政变时间、过程、原委，公车上书诸细节以及康有为自写年谱手稿本的问题等充满疑窦的史实进行了细致入微的考辨，在研究戊戌变法史实上是极具分量的著作；还有中国台湾学者黄彰健（1919—2009）的《戊戌变法史研究》，对戊戌奏稿作伪、康党武装夺权等问题也作了翔实的阐释。此外，相关的研究还有白锐的博士论文《康有为近代中国政治发展观研究》。

从时间上看，学界对康有为与戊戌变法的研究经历了几个时期的变化。

1955年，中国史学会编撰了《中国近代史资料丛刊——戊戌变法》（全四册），收录了中国第一历史档案馆收藏的奏折25件。1958年，为纪念戊戌变法60周年，中国第一历史档案馆编辑出版了《戊戌变法档案史料》，其中收录了中国第一历史档案馆收藏的奏折300多件。同年，中国史学界在北京召开了"戊戌变法60周年讨论会"，提交了不少颇具学术价值的论文，分别在《人民日报》《光明日报》《历史研究》上发表，其集大成为《戊戌变法六十周年纪念论文集》的出版。① 同时，侯外庐（1903—1987）编的《戊戌变法六十周年纪念集》②，对戊戌变法的思想和人物进行了深度分析。在这一时期，变法运动被解读为近代中国一场以明治维新为模本的规模浩大的改良运动，在培育资本主义成长这一点上具有进步意义，但是缺乏民众支持的基础，对帝国

---

① 吴玉章等编：《戊戌变法六十周年纪念论文集》，中华书局1958年版。
② 侯外庐编：《戊戌变法六十周年纪念集》，中华书局1958年版。

主义抱有妥协性。①

20世纪60年代后期至70年代中后期，关于康有为的研究在中国台湾获得了深入的发展。蒋贵麟编的《康南海先生遗著汇刊》《万木草堂遗稿》《万木草堂遗稿外编》《康南海先生游记汇编》等陆续出版。②同时，以中国台湾的黄彰健、留学日本的许介鳞（1935—2023）为代表的一些学者也发表了一系列影响力颇著的论文。

随着改革开放政策的积极推行，国内有关康有为及戊戌变法运动的研究开始蓬勃发展。这一时期基本文献、资料的发掘和研究出版发展迅猛，对于康有为及戊戌变法的研究也摆脱了僵化的模式。③

---

① 20世纪五六十年代，中国国内许多关于变法运动的代表性研究著作，比如胡滨：《戊戌变法》，新知识出版社1956年版；汤志钧：《戊戌变法史论丛》，湖北人民出版社1957年版；吴玉章等编：《戊戌变法六十周年纪念论文集》，中华书局1958年版；侯外庐编：《戊戌变法六十周年纪念集》，中华书局1958年版；李泽厚：《康有为谭嗣同研究》，上海人民出版社1958年版；汤志钧：《戊戌变法简史》，中华书局1960年版等，基本上都是这样来对戊戌变法进行定性和评价的。
② 蒋贵麟编：《康南海先生遗著汇刊》，（台湾）宏业书局1976年版；蒋贵麟编：《万木草堂遗稿》，（台湾）成文出版社1977年版；蒋贵麟编：《万木草堂遗稿外编》，（台湾）成文出版社1978年版；蒋贵麟编：《康南海先生游记汇编》，（台湾）文史哲出版社1979年版等。
③ 譬如，陈凤鸣、孔祥吉通过挖掘故宫博物院内康有为变法运动的上奏原稿《杰士上书汇录》，证明了中国台湾黄彰健20世纪70年代指出的变法运动重要的研究资料《戊戌奏稿》曾在戊戌政变后被康有为篡改过这样一个重要的事实。同时，王晓秋在故宫博物院首次发现了康有为的日本研究代表作《日本变政考》的原稿。依托这些新发现的史料，大陆学界对变法运动、康有为的明治日本观的评价等开始逐步摆脱教条僵化的研究模式。

20世纪90年代以后,中国国内的康有为和变法运动的研究越发活跃。①在研究资料方面,1995年,中国第一历史档案馆编辑出版了《光绪朝朱批奏折》(全一百二十辑),其中就包括一部分与戊戌变法有关的附有朱笔评语的奏折。1998年,影印出版了《光绪宣统两朝上谕档》,其中包括了光绪二十四年(1898年)戊戌变法的全部。这些数量庞大的历史资料的发掘、整理、出版具有重要的研究价值。

需要指出的是,以1998年戊戌变法100周年为契机,中国国内有关戊戌变法的研究,迎来了一大高潮。作为百年来戊戌维新研究的一大总结,1998年9月,《读书》杂志与天则经济研究所联合在北京召开了纪念戊戌变法100周年学术讨论会,在这两天的会议中历史学者、经济学家、思想史家等,围绕着"戊戌变法的历史回顾""戊戌变法对中国近代历史的影响""戊戌变法之

---

① 这一时期的主要论文包括吴乃华:《甲午战争与康有为人格观的演变》(《江西社会科学》1995年第8期);吕明灼:《康有为对中国现代化的贡献》(《东方论坛》1996年第4期);阎丹红:《对康有为近代化思想的重估——"康有为与中国近代化学术研讨会"综述》(《历史教学问题》1997年第1期);房德邻:《论维新运动领袖康有为》(《清史研究》2002年第1期);邝兆江:《戊戌政变前后的康有为》(《历史研究》1996年第5期);汪荣祖:《也论戊戌政变前后的康有为》(《历史研究》1999年第2期);崔波、尚新丽:《论康有为〈大同书〉的社会构想》(《南都学坛》2000年第1期);江峰、汪全模:《康有为与袁世凯的帝制复辟新论》(《兰州教育学院学报》2002年第1期)等。

后中国经济和政治制度的变革""戊戌变法和中国近代文化的变迁及中国知识分子运动"四个主题,就戊戌变法运动的相关史实、人物评价以及百年来留下的遗产、影响和在研究戊戌变法过程中存在的问题等方面,进行了坦率、认真的讨论和交流。

2003年7月23日至26日,为纪念康有为诞辰145周年暨戊戌维新运动105周年,在广东佛山召开了康有为与近代文化学术讨论会。2007年11月16日至17日,在康有为病逝之地青岛又召开了康有为思想国际研讨会,来自日本、韩国、澳大利亚及北京、上海、广东、香港等国家和地区的45位学者参加,提交论文20余篇。

在康有为的评传性质类的著作方面,董士伟(1957—)的《康有为评传》和马洪林(1935—)的《康有为大传》《康有为评传》等著作对康有为的生平和思想有着比较全面的介绍。此外,夏晓虹(1960—)主编的《追忆康有为》和《追忆梁启超》在对康梁二人的交流、行事等资料的整理上也颇具特色,对于了解康有为思想的变化有较大的帮助。

年谱类资料方面比较有代表性的有台湾商务印书馆出版的《康梁师生合谱》以及茅海建的《从甲午到戊戌——〈我史〉鉴注》。茅海建在书中以康有为自编年谱《我史》为依托,对康有为戊戌时期的活动、著述等作了较为细致的考辨，尤其注重辨析康有为在《我史》中所作的"诡笔"，力图挖掘康有为作伪的目的，对研究康有为思想的变化具有很重要的参考价值。

日本方面，对康有为和变法运动研究的代表性论著，首推小野川秀美（1909—1980）的《清末政治思想研究》和彭泽周的《中国的近代化与明治维新》。而此二人之间，又尤以小野川秀美对康有为的研究更为深刻。①

对于康有为思想的评价，国内学术界大多贬多于褒。倒是境外学者往往能有所新见。萧公权先生在其《康有为

---

① 小野川秀美在《清末政治思想研究》中将清末政治思想的主轴规定为洋务论、变法论、革命论的三阶段论，并在这一基础上论述清末洋务派的活动和变法论的具体展开。小野川秀美认为，坚持西学与中学的对立，在中学的主导下维持强化支配体制，通过引进西方器械，强化海防，这便是"洋务论"。其后，在以重视内政即将西学附会于中国古典并加以理解的趋势基础之上，将西方的制度与中国的经书联系起来，并推进内政改革，这就是"变法论"。并且以中日甲午战争的中国败北为节点，以康有为为核心的变法派登上历史舞台，替代了急剧没落的洋务派。通过这种三阶段论的简明区分，小野川秀美提出中国近代思想史的一种演化模式。小野川秀美还认为，从洋务运动向变法运动转换，特别是从变法论的成立时期及其顶点的变法运动，也是儒教变革的展开过程。持这种见解的还包括野村浩一的《近代中国政治与思想》、市古宙三的《近代中国的政治和社会》等。彭泽周的《中国的近代化与明治维新》考察了康有为摄取明治日本知识的渠道以及他撰写《日本变政考》相关的日本政治变革的参考资料，以大量的实证素材探究康有为在何种程度上认识、把握明治日本。彭泽周得出的结论是，虽然康有为热衷于学习明治日本，但由于种种主客观原因，他对明治日本的改革过程在认识上是很不充分的。

思想研究》中率先给予了比较公允的评价。①其后,作为萧公权教授的高足,汪荣祖先生继续乃师的研究工作。②

关于康有为变法思想形成、发展时期历史背景的研究,诸如《大公报》《万国公报》《不忍》《中外纪闻》《孔教会杂志》《时务报》《时报》等报刊也是不可忽视的第一手资料。苏舆(1874—1914)在《翼教丛编》中纂辑了反对康有为变法及公羊学思想的书信、文章与奏折等,从侧面反映了康有为变法思想的社会效应,从这些反对的言论中可以看到康有为思想的许多不足;朱维铮(1936—2012)等编著的《维新旧梦录》反映了晚清以来,学人在西潮侵袭的大背景下求变革、议政、改良的思想历程。

中国台湾地区徐高阮(1911—1969)先生在《戊戌后的康有为——思想的研究大纲》一文中写道:"但是有为还有他生前和身后大不受人理会的方面。他在戊戌后的长期海外生活里还为中国的再造作了新的建设性的思想,尝试拟定了他在维新运动中还不能设想的成系统的计划。他这些计划是为他心目中的一个立宪或虚君制的

---

① 萧公权先生的《康有为思想研究》花了大量篇幅详细撰述了康有为的"变法蓝图",将其改革分为政治、行政、经济、教育四个部分,对康有为变法思想的各个层面都论述得十分有条理。由于占有资料全面,结构精审,叙述清晰,评价公允,该著作是迄今为止在康有为变法思想上分析较为深入的论著。萧先生在《中国政治思想史》中关乎康有为的章节亦可作为该研究的补充。
② 汪荣祖先生承续萧公权先生的研究,更加钻研,著有《康有为论》《康章合论》《学人丛说》《晚清变法思想论丛》等书。

帝国预备的，然而，他在辛亥革命后也曾郑重对国人陈说他宿备的种种意见，只在局部上略加变动，作为革故新建的民国的必要方法。他虽然在看到民国的破裂时枉作了一个失败的复辟的主谋一分子，但在这悲剧性的一幕之后，他还热心再提出他的建设性的救国理论，那在他看来是民国必须采取的。有为的这一切思考和计划，他的一切说明这些思考和计划的努力，在当时和以后十年来都简直得不到一般人的理会。"① 徐先生也在此谈到了康有为晚年关于中国经济建设思想的价值。而对于这方面的研究大陆几乎是空白。

在对康有为持否定态度的文章中，黄世仲（1872—1913）的《辨康有为政见书》②是清末全面系统批驳康

---

① 徐高阮：《戊戌后的康有为——思想的研究大纲》，《学术研究》1988年第1期。
② 黄世仲在《辨康有为政见书》一书中，对满清的君主专制统治发起挑战，为反清革命鼓与呼。在启迪民智以及推动革命发展方面，黄世仲此文都起到了非常积极的作用。黄世仲在文中讲明了"保皇之不可待，光绪之不可保"的道理，这在打击保皇立宪论、推动反清革命方面都起到了非常重要的作用。当然，黄世仲对康有为品格的指摘确有一定的偏激之处。而黄世仲由反康有为进而发展到否定戊戌变法，未免有些殃及池鱼，有失公允。此外，文中将光绪描述成懦弱无能，与历史事实也存在一定的出入。不可否认，戊戌变法在中国近代史上有其颇为积极的进步作用。戊戌变法"在中国近代史上起到了前所未有的启蒙作用"，"是爱国运动"；而光绪皇帝也绝不能说是胸无大志，他"不愿亡国，也没有卖国，而想有所作为"。但是在革命思潮浩浩汤汤之时，康有为仍主张"保皇"，在当时看来确实难逃"时代落伍者"的非难。至于光绪皇帝为慈禧太后所控制，手无实权，不过是一个傀儡尔，实在不可能将国家安危系于其一人之身。因此，黄世仲驳斥康有为的"保皇"论，是有其合理性的。

有为"保皇"思想,宣扬民族民主革命的文章。他明言"康有为不可信,光绪帝不可保";斥"满汉一体"之非,论"排满革命"之是;号召人民奋起革命。《辨康有为政见书》与章太炎的《驳康有为论革命书》①相比,二者平分秋色,各有千秋。

此外,不少学者前辈在对康有为的文化和学术思想进行分析批评时,选择的切入点颇有许多新颖之处。耿云志(1958—2024)在《康有为的"圣人"情结及其以孔教为国教说》中认为康有为故意对孔子之意进行曲解,甚至把孔子所创的儒家学说进行宗教化改革,倡导孔教运动,奉孔子为教主。然而康有为却没有意识到,儒学本身所具有的理智主义的固有资源,使得儒学本身难

---

① 章太炎的《驳康有为论革命书》被视作近代中国三大论战当中,革命派与"保皇派"论战的重要代表作。康有为当时在海外发表了一篇《答南北美洲诸华商论中国只可行立宪不可行革命书》,阐述了他反对反清革命、主张立宪"保皇"的立场。对此,章太炎在《驳康有为论革命书》里对康有为提出的"立宪容易,革命困难;立宪有利,革命有害;只可以立宪,而不可革命"的论点逐一进行了反驳。章太炎的这篇文章在宣称革命、启迪民智方面起到了颇为重要的作用,与《辨康有为政见书》的作用相比不遑多让。章太炎在行文中似乎更多的是为了攻击而作文,彰显了他大师级的国文水平,但在说理上则有些混乱,甚至与自己的诸多观点相悖。譬如,他说不敢担保革命党中是否有像拿破仑、华盛顿那样的雄才,而在他的《太严先生自订年谱》中,不止一次言及对当时革命的失望,称革命中的革命者虽多,但能当大事者却几乎没有。包括孙中山、黄兴以及各派军阀等人,在章太炎眼里皆不足以担大任,没有胸襟谋略。再如,章太炎在驳康有为提出的革命引入外国军队一事上也予以反驳,而其本人最不满孙中山的一点便是,孙中山为了革命而不断地跟国外势力勾结。

以改造为具有神秘性的宗教；中国的老百姓历来信仰多神教，甚至号为"儒、释、道三教合一"，因而康有为的这种奉孔子为唯一教主的主张在群众基础方面很是缺乏；另外，康有为在试图确立孔教为国教的过程中，始终寄希望于借助政府的力量来推行，然而当时所先后经历的几个政府在权威性上都颇为欠缺，政令难以行于全国，缺乏实际的可行性；最后也最为重要的是，当时对"自由""平等"等价值理念的宣传已深入人心，而康有为立孔教为国教的主张，与思想解放的潮流相逆而行，难免沦为遭人唾弃的命运。

徐松荣（1947—）在《论康有为文化思想复归的根源与轨迹》一文中先后从七个方面对康有为深受传统文化的束缚进行论证。[①] 徐松荣认为，康有为在致力改革时颇为保守，隐藏的消极因素太多。而一经挫折，他的进取精神就消失殆尽，最终重新退回到了传统文化和宗教迷信之中。

与徐松荣相反，马洪林对康有为文化思想有着极高的评价。他在《康有为近代文化观蠡测》中明言康有为

---

① 徐松荣在文中提出，康有为从"拉车前进的好身手"，转变为"拉车屁股向后退"的人物，确有其主观与客观两方面的原因。文章从传统与现实、中学与西学、儒教与儒学、急变与渐变、托古与仿洋、变上与变下、进步与倒退七个方面进行了论述。

构建了一种过渡形态的文化，在继承中国传统文化的同时，又吸纳了不少西方的优秀文化，使二者有机地统一到一起。马洪林将康有为称为开"五四"新文化运动的先河，是近代中国文化变革的旗手。

康有为的"三世进化"理论脱胎于公羊学，而公羊学又是经学中不可分割的一部分。作为康有为的经学思想当中的核心内容，康有为的公羊学思想，为其政治思想的形成①奠定了基础。无论是戊戌时期变法的学理依据，还是日后逐渐成熟起来的"大同"理论，都是由康有为的公羊学议题、理念生发出来的。因而，经学史角度的相关研究对本书又有着极大的意义。

宋德华（1954—）在《康有为"大同三世"说新探》中指出，康有为在其早期的社会发展观中就已确定了"大同三世"说的基本内涵。戊戌政变之后，康有为

---

① 关于康有为思想的性质，萧公权在《近代中国与新世界——康有为变法与大同思想研究》中论道："戊戌变法的挫败使他（康有为）感到帝制不足以导致改革，于是在光绪廿八年（1902）他反对此一制度，乃具有思想上和制度上的分歧，他成了社会哲学家。"萧氏倾向于将康有为在1902年后撰成的《大同书》(《康有为全集》的编校者姜义华、张荣华把《大同书》的写定年代考定为1902年之后。参见姜义华、张荣华编校：《康有为全集》第七集，中国人民大学出版社2007年版，第2页。）视为社会学范畴的论著，并在此意义上将康有为称为"社会哲学家"。参见萧公权：《近代中国与新世界——康有为变法与大同思想研究》，汪荣祖译，江苏人民出版社2007年版，第61页。

重新对"三世"的内涵进行解释。^①但这种称谓的改变，仅仅囿于名称的不同而已，并没有实质上的差别，并不能说是一种"倒退"。

  周予同在《周予同经学史论》中撰写了一些文章，言简意赅，给予了许多的启发。在《康有为与章太炎》中，周予同将康有为与章太炎二人同称为近代成就、影响力相当并且学术立场对立的两大经学家，驳斥了"重章轻康"的态度，并且提出康有为的政治言论与活动是有学术根据的，不能轻率地将康有为的理论视作与时代进程相悖，而应当整体把握康有为的观点，将之还原在其特殊的叙述语境中，摒弃断章取义的视角，予以连贯的理解。譬如"保皇"、复辟等行为，在康有为的理论中是有学理基础的，即从"据乱世"演化至"大同世"，"一世"应匹配"一世"之"政制"，丝毫不可"躐等"。如果能斟酌康有为的"改良"主张，对反对暴力革命、主张渐进改革的思想有全面把握，就不至于仅仅将他的一切言论、活动斥责为"荒谬"的，从而发现这些思考背后真正有价值的东西。周予同的研究高屋建瓴，从不同角度去看待康有为经学思想的价值，摒弃片面的研究

---

① 戊戌政变前，康有为所说的"据乱世"是"文教未明"，"升平世"是君主制，"太平世"是民主制。戊戌政变后，"据乱世"为君主专制，"升平世"为君主立宪，"太平世"为民主之世。

方式。

另外,周予同还在《中国经学史讲义》的"康有为与章太炎"一章中对康有为的《新学伪经考》《孔子改制考》《大同书》等著作进行了点睛式的评论:认为《新学伪经考》的材料很有用,是晚清今文经学的总结,在经学史上是具有地位的;《孔子改制考》则有一定的政治目的,结论虽不无武断,但材料也是有用的;值得注意的是,周予同将《大同书》所述视为康有为"乌托邦"思想,是康有为的"一个阶段的政论性著作",与《新学伪经考》"在材料上有用"的性质是不同的。[1] 也就是说,周予同倾向于将《大同书》划在康有为经学著作群之外,在分析康有为"改制""三世"等学说时应该合理处理"大同"思想[2]与康有为整个公羊学理论架构间的关系。

中国台湾学者丁亚杰(1950—2011)在《清末民初公羊学研究》中以皮锡瑞(1850—1908)、廖平(1852—1932)、康有为三位今文经学大师为主线,梳理了晚清公羊学的发展脉络,尤其对康有为的治学途径、经典诠释、经典观、孔子观、"三世"理想、维新

---

[1] 朱维铮编校:《周予同经学史论》,上海人民出版社2010年版,第72—73、627—628页。
[2] 此处"大同"思想专指《大同书》所阐述的"大同"乌托邦理论。

思想进行了层层深入的剖析，并将康有为公羊学放在与皮、廖二人的对比中彰显其独特的学术旨归，对于理解康有为的学术传承与创新、与同时代经学家纠葛等问题有独到见解。

另一位中国台湾学者孙春在《清末的公羊思想》中对康有为独特的"三世说"作了详细考察。他把康有为在不同时期、不同著作中关于"三世"的阐述分类纂辑出来，试图对其"三世说"进行全面解读，将该学说内涵的各个层面作综合研究，彰显了康有为思想的发展脉络与某些矛盾之处，对于理解康有为"三世说"在不同语境下的作用有很大帮助。

大陆方面，以李泽厚（1930—2021）先生的《中国近代思想史论》为代表，深掘了康有为思想在与中国传统思想、西学东渐思潮相撞击下艰难的抉择。此外，复旦大学教授张汝伦（1953— ）在《中国现代思想史论》中也有颇具意义的论述，该文在诠释康有为的公羊学思想时，认为康有为所流露出的粗疏的"进化"观念与传统公羊学理念渊源更近，而不仅仅是将西方达尔文主义包装成为中国式表述。另外，王中江（1957— ）先生在《进化主义在中国兴起——一个新的全能式的世界观》一书里讨论康有为与进化论关系的部分也是对此问题的重要阐释。

思想史、学术史著作涉及康有为公羊学理论的有张立文（1935—）主编的《中国学术史（清代卷）》，汪学群（1956—）、武才娃（1957—）的《清代思想史论》以及陈其泰的《清代公羊学（增订本）》，对康有为公羊学在晚清以来学术史上的地位均有述及。值得注意的是，陈其泰在阐释康有为与廖平的学术渊源上给出了颇有价值的论据，并认为康有为"先曾读过《今古学考》，引廖平为知己。广州会晤之后……完全转向今文学。……康有为今文经学的渊源在廖平。但是，廖平并未以两部书稿出示康有为，康的两部著作（指《新学伪经考》《孔子改制考》）不是直接祖述廖平的《辟刘篇》《知圣篇》"。①

此外，相关的博士论文有李强华（1975—）的《康有为人道主义思想研究》，房德邻（1945—）的《儒学的危机与嬗变：康有为与近代儒学》。

---

① 陈其泰：《清代公羊学（增订本）》，上海人民出版社2011年版，第226页。

第一章 时代背景

第一节 宗法制度下的社会结构

康有为的改革始终未曾偏离于"渐进"两个字。萧公权曾在他的《康有为思想研究》中指出,康有为"变法"计划的目的,并不仅仅是要在众多的国家当中增加一个强国,"而是要使一个落后的国家参与迈向世界和睦与人类幸福的大道。"有鉴于此,在康有为的理论和计划当中,使中国的重生和进步必须根植在原有的基础之上就成为一个务须坚持的原则。也正因为此,萧公权将康有为的理想总结为"不是摧毁不完善的,而是努力以求完善;不是去攫取遥远的目标,而是尽量使现有的做得最好。"①

辛亥革命使中国成为亚洲第一个共和国。彼时，仍念念不忘"保皇"的康有为难免与时局有些格格不入。然而，耶鲁大学法学院的张泰苏教授在其发表的一篇题为《前工业时代中英社会等级与财产习惯法的形成》的论文当中，提供了一个全新的视角来审视彼时的中国，这一与"东方专制主义"②不同的视角会对康有为的"保皇"思想产生一些新的认识。

一、传统文化的影响

对于中国古代社会结构的形成，冯亚东教授将其形容为"政治上树权威，经济上保平等，文化上促和谐"。文化对中国古代的宗法制度起着重要的保障作用，与中国古代政治制度、经济制度一起，彼此磨合，相互促进，共同形成了中国古代的社会结构。

而中国的传统文化，特别是其中的儒家思想，其作用则尤其体现在对国家权威的合法化和强化上。③古代中

---

① 萧公权：《康有为思想研究》，中国人民大学出版社2014年版，第120页。
② [美]卡尔·A·魏特夫：《东方专制主义：对于极权力量的比较研究》，徐式谷等译，中国社会科学出版社1989年版。
③ 需要注意的是，这里的国家权威与上文的精英阶层并不是完全重合的概念。这里的国家权威更多的是一种抽象的概念，是国家权力的代表，包括早期的族长和后期的国王、皇帝。至于将国家权威与精英阶层进行区分的原因将在下文中进一步阐述。

国的宗法制度与儒家的"三纲思想"息息相关。此二者彼此呼应，又经过帝国政府的不断强化，形成了一种根植于每个中国人内心深处的意识。无怪乎晚清洋务派的代表人物、被孙中山（1866—1925）评价为"不言革命的革命家"的张之洞（1837—1909），在主张"学习西法"的同时，也明确地提出了"故知君臣之纲，则民权之说不可行也；知父子之纲，则父子同罪、免丧废祀之说不可行也；知夫妇之纲，则男女平权之说不可行也。"更认为"圣人所以为圣人，中国所以为中国，实在于此"。① 也正因为此，家族的概念在中国人的内心深处显得尤为重要。费孝通（1910—2005）教授曾在《乡土中国》中指出"中国的家是一个事业组织，家的大小是依着事业的大小而决定"。② 一个家族的事务往往都是这个家族的"大家长"说了算，这个"大家长"在家族中有着绝对的权威，可以决定家族中的任何事情。③

近几十年来，关于文化和传统因素在社会规范的构建过程中所起到的作用，一直是社会学者和经济学者们争议不休的焦点问题。社会学者们坚信文化和道德的

---

① （清）张之洞：《劝学篇》。
② 费孝通：《乡土中国》，人民出版社2015年版，第48页。
③ 这一点与欧洲极为不同，据张泰苏教授考证，英格兰的乡村社会中，亲缘与共同体联结的重要性早在中世纪晚期及近代早期就已陡然消失了。

"内化"在规范的构建过程中起着极为重要的作用；而笃信"理性人"和"博弈"的经济学家们则认为社会规范是理性主体之间博弈的结果。后者批评前者将文化赋予了近乎万能的属性而忽略了"自利"的作用；前者却又认为简单的、基于理性选择的公式并不足以反映出现实社会的复杂性。

关于上述问题中文化和理性博弈的作用，张泰苏教授在《前工业时代中英社会等级与财产习惯法的形成》中对一些学者假设的"规范金字塔"作了一个简要的介绍，该假设认为，"由核心宗教或文化价值内化而来的更高层次的规范为理性博弈所产生的低层次规范奠定基调与范围"[①]。其中尤为值得注意的是，一些特定种类的规范，尤其是那些规制，诸如亲属关系、核心宗教关系之类的基本社会关系的规范，比那些明确的，关乎财产、契约规则之类的经济规范更加倾向于内化。

张泰苏教授认为，这套"金字塔"理论意图提出一个"关于文化因素塑造社会规范的可以实证检验的解释"，并试图借此解决"森之悖论"[②]。只可惜该理论的实

---

① 孙笑侠主编：《复旦大学法律评论》第三辑，法律出版社2016年版，第351页。
② 在这一理论中，阿玛蒂亚·森希望社会经济行为理论既能"引入个人选择行为以外的东西"，又能避免漫谈各种难以进行实证性检验的类似于"社会'偏好'"的说辞。

证性验证近乎不存在,而古代中国的这种模式恰好可以填补这方面的缺乏:经过内化的儒家宗族思想体系的共同价值观将不同的利益主体的社会地位和权威进行了制度化的划分,使得"'儒家'亲缘等级成为'更高层'规则",从而影响了财产规则的博弈,"界定了自利主体协商'更底层'财产规则的基本范围"。①

儒家的"三纲思想"将君权、父权与夫权紧紧地绑在了一起,使得"家"与"国"的概念得到了进一步的融合。但这也许并非儒家先贤们的创新之作,"积家成国"而"国之本在家"。冯亚东教授推测,这种"由家而国,家国同构"的路径,可能正是中国远古时期国家制度形成的唯一方式。②农耕文明在早期同经济上的土地私有制相适应,这就使得在政治上建立起一套维护其家长(丈夫)、村长(由血缘家族的男性祖宗担任)、村落联盟(由村落搭界结成)及后来的"由家而国"并逐渐扩展成型的国家王权的制度变得顺理成章。

如此看来,君权与父权的结合,可能只是后世儒学的思想家对原始社会解体时期人民对国家和"国王"的

---

① 孙笑侠主编:《复旦大学法律评论》第三辑,法律出版社2016年版,第352页。
② 冯亚东:《平等、自由与中西文明:兼谈自然法》,陕西人民出版社2012年版,第30页。

认识的延续，或者只是出于某种目的而将其重新进行表述。辜鸿铭（1857—1928）在《中国人的精神》中就曾经表示："当时的国家就是或大或小的宗族。人民无需去弄清并确定他们国家的责任，因为他们的所有成员都属于一个氏族或宗族。血缘关系或天伦已足使他们服从国王，而国王也就是氏族或宗族的长辈。"①

不论儒家先贤出于何种目的而进行这样的表述，但他们却实实在在地将后天拟制的道德"忠"与先天人类自发的道德"孝"成功地进行了类比，达到了"臣事君，犹子事父也，子为父死亡所恨"②的效果。这就使得家族的宗法成为连接社会的纽带，同时也理所当然地变成了国家的组织法。

另一个起到重要作用的文化要素就是"君权神授"，"在那些世界中，农民与国家处于一种有机的联系中，而国家直接扮演着经济角色，安排其他人的物质生活……一条奴役关系的纽带，把农民跟国家连接在一起，又把代表国家的人和神明连接在一起。"③

中国自古以来幅员辽阔，再加上文化、制度以及生

---

① 辜鸿铭：《中国人的精神》，黄兴涛等译，广西师范大学出版社2002年版，第42—43页。
② （东汉）班固：《汉书·李广苏建传》。
③ ［法］韦尔南：《神话与政治之间》，余中先译，生活·读书·新知三联书店2001年版，第104页。

产对人的束缚，使得百姓甚至地方官员都很难亲眼见到天子的"龙颜"。而距离感和权威感往往在一定的条件下，存在一种反比的关系，即距离感越遥远，权威感反而更强烈。①当权威的力量所涉及的范围越发宽广时，权威本来的世俗联络就显得越发模糊了。更由于政治文化的宣传以及皇权确确实实与每个人的日常生活有着或多或少的联系，天子的权威越发上升了。同时，中国古代广阔而又相对封闭的地域环境、"鸡犬相闻"而又"老死不相往来"的居民生存方式，更使得君主与上天权威的一体化越发登峰造极了。

"父之所贵者，慈也；子之所贵者，孝也。君之所贵者，仁也；臣之所贵者，忠也。"②将孝父与忠君联系起来，使得君的权威在民间有了近乎天然的合法性，再辅以神化，使得天子的权威得以无限扩大。"皇恩浩荡"之下便也造就了平等而和谐有序的格局，便也呈现了人民"坐稳了奴隶"的状态。辜鸿铭先生便对此慨叹说："在儒教之中，必定有一种东西同宗教一样，能够给人们以安全感和永恒感。这就是孔子在其国教中给予中华

---

① 可能儒家也意识到了这一点，通过加强天子的神秘感而提升其权威感，孔子在《论语·为政篇》中就有"为政以德，譬如北辰居其所而众星共之"的论述。
② （南宋）朱熹：《朱子家训》。

民族的忠诚之道——对于皇帝的绝对忠诚。由于这种忠诚之道的影响，在古代中国的每个男人、妇女和儿童的心目之中，皇帝被赋予了绝对的、超自然和全能的力量。而正是这种绝对的、超自然的、全能的皇权信仰，给予了中国人民一种安全感，就像其他国家的大众从信奉上帝而得到的安全感一样。"①

二、皇帝、贵族与平民，三方之间的博弈

张泰苏教授在论文《前工业时代中英社会等级与财产习惯法的形成》的第四部分列举了大量的案例来佐证其想表述的观点——中国古代的等级制度在一定程度上促进了经济上的相对平等：比如，在浙江省龙泉县的地方案件档案中发现，从仅供查阅的80份典卖案件中随机选取的样本，"其中65份与典卖回赎尤为有关。有26件明显表达了典卖回赎权在特定时间后便已失效的主张……有16件距离原初契约时间至少已有30年，其中最古老的一份是在72年前作出的。在这16起案件里，至少有5起显示买主明确引用了一条1917年典卖契约30年后禁止回赎的省例。……其以30年期限驳回典卖者的做法在16个案例中只出现过一次。另一个回赎要

---

① 辜鸿铭：《中国人的精神》，黄兴涛等译，广西师范大学出版社2002年版，第50页。

求被拒绝的原因是典卖者多次未出庭。在其他3个案件中，尽管分别已过去38年、50年、59年，官府依然允许了土地的回赎。剩下的11个案件基本以和解结案。"①

然而，虽然有不少这样的证据和论证可以指向中国这种不平等的政治制度在二次分配时确实在一定程度上保障了低收入人群的利益，在收入分配的制度上的确达成了不同经济阶层的总体上的地位平等。但是无论如何，要求处于森严的等级制下的精英阶层愿意损害自己的利益来维护弱者的利益，这听上去都如同那与虎谋皮的周人一般的荒诞不经。毕竟不可否认的事实是，古代中国的统治阶层也必然是那些少数的精英阶层。也许在某些时期，部分精英阶层会出于某种政治或其他目的"善意"地向平民阶层短暂地让渡一些利益，但很难想象这会成为一种根深蒂固的制度而存在。

当然，面对农户，古代中国的精英们也曾尝试过努力地反抗。比如，《大清律例》中曾有规定，要求契约必须注明绝卖还是典卖；《户部则例》则进一步规定，典卖务须在十年内进行回赎或转为绝卖，特殊情况下可延期一年。令人惊奇的是，据清末地方案件档案调查显示，这些规定最终大多都沦为空文，很多相关案件最终都被

---

① 孙笑侠主编：《复旦大学法律评论》第三辑，法律出版社2016年版，第374、375页。

政府以外部调解加以解决。这些法规实施力度的薄弱正如很多历史学家们长久以来的论调一样："清代地方政府在商业活动的规制层面尤其疲软。"①

这关系到中国古代的另一个重要的政治角色——皇帝。

在以往的认识当中,皇帝总是被直接与封建贵族、地主、官僚划到同一阵营,将其简单而粗暴地与人民完全对立起来。这样的划分方法简明有效而又似乎合情合理,甚至在东西方的古代学者看来,君主对于百姓所扮演的角色都是一样的:管仲(约前723—前645)在《管子·牧民》中称国家的君主为"牧民者",而苏格拉底(Socrates,前469—前399)在2400多年前也声称国王为"人民的牧人"。

但是,仔细想来似乎又并非这么简单,毕竟任何一个智识正常的牧人都不会做"竭泽而渔"或者"杀鸡取卵"的蠢事。相反,他会比任何人都更加希望他的"羊群"能够顺利地繁衍壮大。"在专制主义的国家里,或者因为公众繁荣的利益往往与专制君主的利益混淆在一起,或者因为专制君主自身在寻求摧毁贵族的或教会的权力的残余时,便在法律之中造成了一种平等的精神,

---

① 孙笑侠主编:《复旦大学法律评论》第三辑,法律出版社2016年版,第361页。

其动机是要确立奴隶制的平等,而其效果倒往往是令人欣慰的。"①

这样的例子不胜枚举:明神宗时,内阁首辅张居正(1525—1582)推行"一条鞭法",以土地的多少为基准征收税赋,从而限制地主豪强肆意兼并土地;清康熙八年(1669年),明令将明代各藩王的土地分发给原来的佃户作为永业田,使得大批的官田变成了民田,大大增加了自耕农的数量……"对于中国历代中央皇权来说,抑制土地兼并,保护中小自耕农的利益,防止出现大规模流民与社会动荡,正是符合国家利益的历史理性选择。"②

相似的情况也发生在了古罗马,只是其表现得更为极端而赤裸:考兰德的君主向米赖的君主询问统治人民的方法,米赖的君主并没有回答,而是拔出自己的佩剑砍掉了麦田里高出了一头的麦穗——诛杀冒尖的贵族,保护居多数的平民。

对于这样的现象,罗马帝国前期的著名学者普林尼(Plinius,23—79)认为,"旧时人相信在占有土地问题

---

① [法]孔多塞:《人类精神进步史表纲要》,何兆武等译,生活·读书·新知三联书店1998年版,第129—130页。
② 吕新雨:《农民、乡村社会与民族国家的现代化之路》,《读书》2004年第4期。

上,最重要的是遵守适度的原则。……大地产已经毁于意大利,不久还将毁坏各行省。尼禄皇帝时,在阿非利加省,六个地产主竟占有全省土地的一半。皇帝把他们都处死了。"①

正如法国学者古郎士(Coulanges,1830—1889)在《希腊罗马古代社会研究》中所解释的,"暴君永远打击富人。……著作家皆称暴君太残暴,大约他们的本性不皆如此;残暴乃由常有给穷人田地、钱财的急需所致。欲维持政权,必须满足群众的欲望,维持群众的热烈情感。"②深受百姓普遍爱戴而又创造了盛世的尼禄皇帝却被西方正史刻画得极为残暴,其玄机恐怕正在于对百姓"如春风般温暖"的他,却对富人如"冬天般寒冷"——但"历史"却往往是由那些有钱又有闲的文人们书写的。

如此看来,贸然将皇帝在任何环境下都放在人民的对立面似乎是不大妥当的,而就中国的政治制度本身来说,早在西周的"三监之乱"后,周公通过制定一系列的周礼,确立了诸侯"不得以其戚戚君"的制度,使得

---

① 转引自李雅书选译:《罗马帝国时期》(上),商务印书馆1985年版,第45页。
② [法]古郎士:《希腊罗马古代社会研究》,李玄伯译,中国政法大学出版社2005年版,第231、281页。

天子在政治上能够独立于亲族之外,成为一个更为独立的政治单元,而中国古代独特的土地所有制更是进一步在法理和经济上将皇帝独立于其他地主和封建贵族。

"家庭是农业生产的一种最理想的社会单位和经济单位。"① 男耕女织、自给自足的小农经济给古老的中华民族构筑了务实而本分的生存观——安贫乐道、守分知足、节用爱物。"人的最原始的感情就是对自己生存的感情,最原始的关怀就是对自我保存的关怀"②,而家庭手工业与小农业的组合,基本解决了一个家庭维持生存所必需的"温"和"饱"的问题。"人们的所想所求,无形之中,便也就始终被限缩在土地所能贡献的衣食产品上"③。与此同时,政府更是通过一系列的措施,强化着这种格局,将农户们牢牢地绑在了土地上。此外,"自然环境对于人类是一种非常残酷的监工",依赖土地来维持生计的农户应对外界的抗争能力十分有限。温饱型农业在使土地成为农户们最重要的财富并被世代相传的同时,也在价值观上形成了与"以败失祖业为耻、以世

---

① [英]汤因比:《历史研究》(下),曹未风等译,上海人民出版社1997年版,第418页。
② [法]卢梭:《论人类不平等的起源和基础》,李常山译,商务印书馆1962年版,第112页。
③ 冯亚东:《平等、自由与中西文明:兼谈自然法》,陕西人民出版社2012年版,第44页。

代相传为荣"相辅相成的道德观念。

在农业社会，由于土地是社会生产中最重要的一项生产资料，所以，在分析"皇帝的作用"时，首先应当先从土地所有制入手。

一如《诗经·小雅·谷风之什·北山》中所说，"普天之下莫非王土，率土之滨莫非王臣。"中国古代的土地私有制并非西方意义上的私有制度，它既不同于罗马法的物权制度，也与欧洲中世纪时分封建制下的土地私有制大为不同。罗马法的物权制度体现着西方法谚当中"风能进、雨能进，国王不能进"一句所描述的对世权和绝对权；而在所谓"我附庸的附庸不是我的附庸"的欧洲中世纪的分封建制的政体下，国王对全国的土地并没有最高所有权和支配权。按照梁漱溟（1893—1988）先生的说法，欧洲中世纪的庄园——教区经济有点类似于今天的合伙组织或者股份制。①

而在中国，土地实际上呈现的是一种二级所有制的格局存在的：首先，所有人必须认同天下所有的土地都是皇帝所有的（即"普天之下莫非王土"），其次，再由皇帝给臣民们来做第二次的分配。

---

① 参见梁漱溟：《中国文化要义》，载《梁漱溟学术论著自选集》，北京师范学院出版社1992年版，第242—245页。

由于皇帝是全国所有土地的实际拥有者，也是唯一的最高拥有者（至少在法理上是如此），因而，在理论上（同时也是在法律上），皇帝有权力随时收回任何人的任何土地，同时也可以随时将土地进行重新分配。换言之，按照今天的权利观念进行描述的话，只有君主对全国的土地享有所有权，而臣民们对君王所赐的土地仅享有一种使用权。

因此，在中国古代社会的土地二级所有制下，社会群体的利益集团划分并不是简单地将地主和农民按照"管理者"与"被管理者"或者"压迫者"与"被压迫者"的两级状态进行的，在更多的时候，这种划分呈现出了更为多变的地主、农民以及皇帝三个部分，即地主——拥有大量土地的富人、农民——拥有少量土地甚至没有土地的穷人、皇帝——掌管和分配土地的最高权力以及所有土地的最终实际拥有者。三方之间互为依存又互相制约，成为一种更为灵活的共生关系。同时，从根本上说，如果可以抛开传统的阶级观念，并将时间维度进行拉长的话，便会发现三者之间并不存在古代西方的那种贵族与平民几乎你死我活的深重的对抗关系，这三方彼此之间并没有深刻的、不共戴天的矛盾。冯亚东教授认为，古代的中国社会在大多数时期，都是以平均主义为基调而以自耕农经济为主要的经济形式，农民与所谓的地主之间尚能维持一种比较融洽的关系。而丧失了土地的农民也可以靠租佃土地或者卖力气扛长工来糊口过活。"'阶级'的观念则更多具有人为拟制的成分——以量化的财富作为划分标准，而一旦划定，便具有了强化和放大对立情绪的功能。"①

事实上，在大多数时期，处于农业经济当中的贫富差距划分本身就是相对而言的，并没有一条明显的分界线使其泾渭分明：据梁漱溟先生在1937年对北方几个县的地籍问题的调查显示，90%以上的农户都拥有自己的私有土地，只是数量不等；而中国一直到近代的很长一段时间内的国家经济结构并未发生巨大的转变，使得中国过去时代的土地状况势必亦大体如此，"论'百年以前'差不多就等于论'二千年以来'"。②

与此同时，科举制的存在更使原本就模糊的贫富之间的势力划分处于不断地转化和变动当中。这就使得富贵者可能一日不慎便会"落草的凤凰不如鸡"③，而阡陌黔首也可能通过科举考试"朝为田舍郎，暮登天子堂"。

在农耕社会所形成的政治管理模式和权力结构当

---

① 冯亚东：《平等、自由与中西文明：兼谈自然法》，陕西人民出版社2012年版，第55页。
② 参见梁漱溟：《中国文化要义》，载《梁漱溟学术论著自选集》，北京师范学院出版社1992年版，第315—318页。
③ 但是在西方，甚至是居于东亚的日本，破落的贵族仍是贵族。

中，基于地缘村落和父系血缘家族互为交缠的纽带，本身就暗含着一种自下而上的由家到国、从平民到官员的身份转变的要求。

一方面，从理论上说，皇帝本身被拟制成了虚拟放大的家长，因而，皇帝的臣子们就应当是来自各个家族当中的佼佼者；同时，就国家制度本身而言，应当有一种预设性的制度来保证对基层人才的不断筛选，以实现来自不同家族的人在同一制度格局下的利益能够均衡。

另一方面，皇帝若是想要在这巨大的层级范围内准确顺畅地传达旨意，有效运作极为复杂的国家机器，他所能依靠的只能是这些知书识字的文人。

此外，科举制度本身就带有着一种天下读书人在皇权制度下能够利益均沾的涵义——就其所表现出来的隐含着机会平等的规则来看，任何人——不管这个人来自天南海北、任何家族或是什么出身，只要这个人能够在考试当中脱颖而出，就能够通过科举制度而从整体制度当中"分得一杯羹"。

对于百姓而言，天子的意义很可能本身就是国家的代表而非一个具象的个人。"朕即国家"这句话并非君王们的一种自以为是的标榜或者一句看似豪迈的政治口号，冯亚东教授认为，在"国家"这种新的政治管理方式之下，君主应当只是人民对"国家"进行具象的想象理解并能够进一步使其人格化的鲜活表现。因此,"朕即国家"这句话"显然是需要作双向理解的,并且其首要意义一定是一种臣民的衷心理解。帝王个人本身并不具有原始氏族领袖直接进行号召和煽动的人格力量,其只是表征国家存在的一种被创造出的活的符号,始终需要借助一种异化的集体精神的力量——庞大的国家组织机构来体现和行使权力"。

在这里需要再一次明确的是,这里的"天子"指的是一个政治单元,一个国家机构,而非某个具体的个人。而前文所述的"君权神授"的"君",同样指的也是这样一个抽象的概念而非某个皇帝本人。这个概念的厘清对下文的叙述来说是非常重要的。

如前所述,皇帝本人已经与其所代表的意义发生了一定程度的割裂,这就使得具有神圣意义的是皇帝背后所代表的皇权而非皇帝本人。因此,皇帝本身并不具有神性,皇帝的金銮宝座也不是固若金汤、永久不动的。如同卢梭(Rousseau,1712—1778)所说,"事物的力量总是倾向于摧毁平等的,所以立法的力量就应该总是倾向于维持平等"[①]。当皇帝能够维持国家的均平的秩序时,那么这个皇帝就会被人民认可;但若是皇帝不能主

---

① [法]卢梭:《社会契约论》,何兆武译,商务印书馆1980年版,第70页。

持公道，使得均平的秩序荡然无存，那么这时只要推翻皇帝这个人或者其家族即可，皇权依然不受影响。这也是拟制后的君权可以类比父权却无法与父权相同的根本所在——家长由于不可替代、不可否认、不可更改的血缘关系因而不可以推倒；但是皇帝，究其本初，不过只是不同家族不得不拥立的一个议事联盟的领袖罢了，他所缺乏的恰恰就是父权最天然最基本也最重要的血缘正统性。故而，人民的认可成为与以血缘为基础的皇位继承制同等重要的，评定一个皇帝拥有皇权、统治国家的合法性的两个重要来源之一。

从上述论述中，也可以发现，中国历史上的所谓改朝换代，"其争只在二三领袖之间，其余多数人不过从属工具，并无深切界别，形成集团对抗。"[①] 所以，国家的基本政治制度并未因此受到过质疑或者改造。宗族与国家之间始终有机而和谐地处于一个浑然的体系当中。

"贫穷和灾难是平等的最好保障"。[②] 由于皇权制度本身并没有不可以调和之处——农民被牢牢地拴在土地上，因而只要保证农民手中有地即可；士子可以通过读书科

---

① 梁漱溟：《中国文化要义》，载《梁漱溟学术论著自选集》，北京师范学院出版社1992年版，第240页。
② ［法］托克维尔：《论美国的民主》上卷，董果良译，商务印书馆1991年版，第33页。

举参与到政权中来，因而只要保证科举照常举行即可。所以，正如冯亚东教授所说，"民众在浑浑噩噩艰难困苦之中，凝成一种至上的集体主义精神——'万众一人，天下一家'（孔子语）；而精神的最高境界便是对国家偶像的极度崇拜，国家异化为一个完全独立于个人人格之外的极为真实的巨大实体，即霍布斯所称的力大无穷的怪兽'利维坦'"①。

正如黑格尔（Hegel，1770—1831）所说，任何意义上的国家在事实上都不过只是"精神为自己所创造的世界"②，是个人人格异化的一种表现形式。"政治上树权威、经济上保平等、文化上促和谐"——这般三足鼎立形成的社会结构简直称得上稳如泰山，若是没有外来文化的渗透，想必这样的中华文明将会千年万年如故地延续下去。若是果如"东方专制主义"所描述的那样，在生物学意义上居于弱势的少数人只可能被多数人打倒在地，而只有国家及帝王的产生，少数人对多数人的长期统治，从根本上说符合多数人的利益并代表着人心所向，这样的文明和制度才可能会长期存在。由于统治者

---

① 冯亚东：《平等、自由与中西文明：兼谈自然法》，陕西人民出版社2012年版，第59页。
② ［德］黑格尔：《法哲学原理》，范扬等译，商务印书馆1961年版，第285页。

所依赖的军队、堡垒、财富都是由人民群众创造并维系的,他们唯有尽可能地顺应千千万万民众的现实利益才能够保持秩序——毕竟脱离了群众,统治者在物质层面实质上几乎一无所有。

当然,虽然历史上颇有作为的所谓"明君"大都爱民如子,并在一定程度上具有荀子(前313—前238)所提出的诸如"平政爱民""教民"等的"民本"思想。但这并不意味着这些高居庙堂之上的皇帝们对阡陌庶民果真能有多么的慈爱或是做到"去民之患,如除腹心之疾",他们行为的归宿,也未必就是一定要为民众求得均等,更遑论所谓的"民本"思想,即一种对民主的表现的理解。这些所谓的"明君""英主"的作为,不过是一种巩固自己专制统治的治国之道或者治民之术罢了。《管子》一文中曾有这样一句话总结得很是精辟:"凡治国之道,必先富民,民富则易治也,民贫则难治也。"中国古代的政治思想家们可能很早就认识到了贫富差距对国家统治的影响,因而在几乎每一个有影响的朝代里,皇帝们,特别是通过农民起义夺取政权的开国皇帝总是可以主动地站到农民的一边,颁布诸如"均田令"之类的均田抑富的政策,以尽可能地保证"耕者有其田"。但是在人治而非法治的古代中国,一旦到了朝代末期,末代帝王们却又总会不自觉或者无可奈何地走向农民的敌对面并倒向了地主豪强一边,纵使其中有一些希望重振朝纲、力图中兴的有志君主,亦难免落得大局已定、无力回天的结果。

总之,在古代中国,宗法制度以及皇权本身都在中国稳定的社会结构中发挥着重要的作用,甚至如张泰苏教授的研究结果那样,出现了政治上的(也包括文化上的)封建等级制度和宗法制度与经济上的相对平等并行不悖甚至互为依存的现象。显然,这是简单的"东方专制主义"或者上层精英统治的理解方式所无法解释的。

第二节　康有为"变法"的时代背景

康有为在《废省论》中详细分析了辛亥革命之后中国的现实状况。康有为认为当时的中国是一种军阀割据的无序状态。造成中国分离、崩溃的根源也正是这种军阀割据。同时,康有为指出了军阀割据的七大危害:军队、民众与自治的分离、中央政府的财税征收、地方的平民政治、民政的分权自立、妨碍民生的稳定等。

在变法运动时期,康有为尝试着以光绪皇帝为变法的权力中心,以此来推动国家的全面变革。可是结果令人大失所望,反而加重了政局的混乱。其中最为重要的原因在于皇帝的敕令已经失去了绝对的权威,各省军阀掌握着以军事权为核心的政治实权,无视了中央政府的改革命令。那时候,康有为就深刻体会到了中央权威衰落的痛楚。

最典型的一个例子,就是英美帝国主义于1900年与清南方各省督抚达成的"东南互保"协议。清朝向欧美十一国宣战后,刘坤一等人公然违抗支持义和团的命令,并声称皇室诏令是在义和团挟持之下的"矫诏、乱命"。半数朝廷官员公开指责圣旨是错误的,明确表示坚决不会执行,这是清朝历史上绝无前例的。"东南互保"是清朝有史以来地方势力第一次公开与中央对立,体现了地方官僚的成长及其与中央相对独立的关系,进而反衬出了晚清朝廷在支配体制上的严重弱化,这无疑加速了晚清中央集权的崩溃。

在这一时代背景之下,流亡海外的康有为,对总督、巡抚等地方首脑的权力膨胀越来越警惕,开始从理论层面上探讨防止地方割据势力、军阀形成的各种可能性。

康有为认为,辛亥革命带来的绝不只是国家权威的中空。晚清时期,虽然皇帝依然还保留着一定的权威,但是旧式的王朝体制已经很难吸引普通群众,一旦国家迈入"共和"时代,势必将导致军阀进一步的割据对抗。

如果任由这种局面持续下去，那么中国所要面临的必将会是更为深刻的危机。在康有为看来，当时国家政治的运营，已经不再是一个单纯的政治体制改革的问题，而是关系到国家安定与统一的生死攸关的重大课题。因此，康有为提出的"虚君"，是要树立一种能够让人产生敬畏感的神圣存在，创造一种精神的权威，并且以此为基础和核心，通过帝位的复活，回避革命后的内乱，确保社会的稳定。毫无疑问，在这里，康有为是希望通过"虚君"的威慑力，能够对地方势力日益膨胀的离心倾向产生制约，从而维护国家统一的局面。

另外，康有为的这一主张也获得了一些保守乡绅的支持。他们对革命可能会导致的社会秩序崩溃甚为担心。对于这些传统士大夫来说，如果失去了君臣、上下的伦常秩序，那么这个社会将难以续存[①]。因此，即便是礼仪性的存在，"虚君"这一统治中心的精神权威依旧是一种莫大的支撑力量。从这一点来分析，康有为的"虚君"主张隐含着与革命派的主张相对抗的强烈意味。

[①] 正如张之洞在《劝学篇》所说，"故知君臣之纲，则民权之说不可行也；知父子之纲，则父子同罪、免丧废祀之说不可行也；知夫妇之纲，则男女平权之说不可行也。圣人所以为圣人，中国所以为中国，实在于此"。

第三节　康有为个人的文化、思想背景

除了这种现实政治的考虑之外，康有为如此执着于"虚君"，也与他作为传统士大夫所固有的文化、思想背景有着不可分割的关联。

在中国悠久的历史当中，以天子、皇帝为核心，以"君臣大义"为基轴运作和展开的"天下"的世界观长期以来一直是知识阶层最为看重的东西。辛亥革命之后，帝国的政治体制发生了剧烈的变动。革命以民主的名义将国家带入了"共和"时代，使得王朝体制被彻底否定，从而造成了这个"天下"中心的消亡。对中国传统知识阶层而言，这已经远远超越了现实政治的意义，它所唤起的是他们面对"天下"解体的异常危机感或是难以名状的痛楚感。曾经拥有的"中华帝国的文明永远不变、永远高于其他民族"[①]的自信和荣耀毁于一旦，其巨大的冲击波非语言所能描述。

在康有为看来，正是这个"天下"中心的存在才保证了世界的稳定和安定，"天下"中心的丧失带来的只会是天下大乱。清朝统治的崩溃，特别是由此带来的"天下"的解体，使得康有为势必要直面这样一个问题：当

---

① 朱忆天：《迈向近代文明国家的探索：康有为后期思想研究》，上海人民出版社2016年版，第147页。

世界终于迈入了"共和"的时代，是否还存在使世界获得并维持安定与安宁的最终、最后的保障？如果真的有这样的保障存在，那它又究竟是什么呢？

稍微考察一下当时思想界的状况就可以发现，与康有为等保守派同样面对这一难题的，还有像陈独秀（1879—1942）这样的新文化运动的先驱者。所不同的是，陈独秀开出的是与康有为截然不同的"药方"。在陈独秀看来，"天下"的解体是以固有价值为基盘的旧文化系统全盘崩溃所带来的必然后果。如果想要再建"天下"，那就只能是在新的价值观基础上，进行新的文明创造。共和民主体制，即便是在一定时期内可能带来一定的"乱"，但是只要能够提升国民的地位，促进国民的能力提高，那么，这种代价也是值得的。

陈独秀将"天下"之"乱"看作新文明得以诞生的前提和宿命，是新世界的第一声"啼哭"，是一种必然的、正常的现象。这一立场无疑表明了他与传统文化决裂的决心。相比之下，未能从传统"天下"概念中摆脱出来的康有为则背负了更多的历史重压，虽然他认识到旧制度的弊端并锐意改革，但是当遇到理论上难以逾越的难题时，康有为仍会下意识地回到历代延续下来的君主政治体制的框架之中，寄希望于通过崇拜、归依"圣上"的权威来渡过难关，再建君主体制下神圣、权威的

"天下"秩序。

　　康有为提倡"虚君共和论",其实也是他推动孔教国教化的重要一环,两者有着极为密切的关系。康有为的孔教构筑的是金字塔形状的、以尖顶权威为核心的社会秩序,孔子占据教主的尖顶地位,一统思想。与这样的思想体制相对应,毫无疑问,必然要在政治框架中设立一个总括民意、凝聚民众意志、位居尖顶地位的权威。可以说,孔教的存在,在理论论证的逻辑上,已经注定康有为必然要在政治组织构造上树立一个绝对性的神圣存在,即便这种存在是没有任何实权可言的"虚君"。

　　由此,"虚君共和论"和孔教国教化,其思想的基盘是一致的。也就是说,均源自对"天下"秩序崩溃的恐惧心理。因此,只要提倡孔教,康有为的"虚君"概念就不能放弃。信仰不信仰"土木偶之虚君",这并不重要,只是从理论一贯性的要求而言,"虚君"是康有为哲学最后安身立命之所,是其展开思想活动之最后保障,绝无舍弃的可能。

第二章 康有为「变法」理论的哲学基础

第二章 康有为"变法"理论的哲学基础

日本政治学者小野川秀美在《清末政治思想研究》中提出了著名的三阶段发展论，即洋务派的"中体西用"论，变法派主张的导入议会制的"中体"改革论，革命派的"中体"之否定论这三大阶段的构图。小野川认为，康有为克服了洋务派"中体西用"论的弊端，将以立宪思想为内核的"变法论"建立于儒家思想和西方思想融合的基础之上。康有为的"变法"思想，是从中国古典经书当中探索改革之原理，使其与西方的政治制度发生关系，而清末的"变法论"即由此产生。因而，中国古代经典与西方的政治制度就成为支撑"变法论"不可或缺的两大支柱，而康有为亦成为最早构筑这一思想体系的学者。

第一节　康有为"变法"理论的形成与转变

一、"儒学新诂"

钱穆先生在《中国近三百年学术史》当中引用了康有为的高足陈千秋（1869—1895）在《长兴学记跋》当中的论述，认为康有为对当时的儒家传统并不接受。他所坚持的是要回到原本的、真正的，同时又是在当时已经式微的儒家思想。[①] 对此，康有为选择通过对经籍的考证与对错误解释的清理来使其得以重现。为达成这一目的，康有为首先要做的就是扫清荀子这一学统，其次是刘歆的伪经，再次是朱熹（1130—1200）的理学系统。[②] 康有为如此"大逆不道"地挑战儒家传统，难怪反对派的文悌（？—约1900）斥其为"欲将中国数千年相承大经大法——扫刮绝"[③]。

康有为的高足梁启超曾评价他为"最富有自信力的人"，他所坚持的主义，无论任何人都不能摇动。在学术上是这样，做事情也是这样，从来不肯为了做事而让自己的主义有所迁就，但却每每曲解事实来迁就他的主

[①] 参见钱穆：《中国近三百年学术史》，商务印书馆1997年版，第634页。
[②] 参见陆乃翔、陆敦骙：《康南海先生传（上编）》，载《康有为全集》第十二集，中国人民大学出版社2007年版，第458页。
[③] 文悌：《严参康有为折稿》（光绪二十四年五月二十日），载中国史学会主编：《戊戌变法》第二册，上海人民出版社1953年版，第485、487页。

义，所以批评先生的人，总是说他武断、执拗、专制。①但梁启超所说的康有为自光绪十三年（1887年）哲学思想成熟时就不再精进却不甚准确。虽然康有为武断自负，但是他的思考重点和方向却在不同时期发生着变化。这点在他对经书的解释和评价上可见一斑。

早在光绪十四年（1888年）之前，康有为似乎接受所有的经文，对圣人之言一视同仁。光绪十四年起，康有为开始歧视古经文，认为其属于伪说，唯有今文才是真儒学。因此，在《新学伪经考》②中，康有为把诸如《周礼》《春秋左氏传》《毛诗》等古文经均说成是刘歆的伪作。这一点，康有为在其《叙录》（见于《新学伪经考》）一文中说得极为明白："作伪，乱圣制者，自刘歆；布行伪经，篡孔统者，成于郑玄。阅二千年岁月……（学者）咸奉伪经为圣法……凡后世所指目为'汉学'者，皆贾、马、许、郑之学，乃新学，非汉学也；即宋人所尊述之经，乃多伪经，非孔子之经也。"

及至1912年民国成立之时，康有为又放弃了这一态度，改回到早年的尊经。他一再强调凡儒家经典，不论今文还是古文，都是中华文化的瑰宝。因此，当民

---

① 参见梁启超：《南海康先生传》，载《康有为全集》第十二集，中国人民大学出版社2007年版，第438页。
② 出版于光绪十七年（1891年）。

国教育部下令学生不必修习儒家经典之时,康有为写了一封长信给教育部总长表示抗议,并强烈要求其撤销命令。①

其实康有为有这样的变化并不难理解:他对经典的第一次转变之所以放弃毫不批判的态度,一部分应是因为他博览中外典籍,开阔了视野。他于光绪十一到十三年(1885—1887年)所形成的新观点自然会与旧经文不合,因此对儒家经典进行重诂就变得尤为重要。他在儒学方面的修正思想也是由此产生。另一部分则可能因为他于光绪十四到十五年(1888—1889年)接触了廖平的思想,因而肯定了他自己对古文经的怀疑。另外,在清朝每况愈下的情境下,康有为相信唯有改革才能救亡图存,这就必然要求排除传统思想的桎梏。这也应当是《新学伪经考》(1891年)和《孔子改制考》(1897年)成书的思想背景和政治背景。

至于康有为对经典的第二次转变,乃是在辛亥革命(1911年)之后。彼时,康有为力图通过"变法"来保存的清朝已经为民国所取代,而革命党人所持的"中体"之否定论,显然也并非康有为所乐见的,因此他不再致力于为其"变法"理论寻求支持,而是努力"复

---

① 参见康有为:《致教育总长范静生书》,载姜义华、张荣华编校:《康有为全集》第十集,中国人民大学出版社2007年版,第321—325页。

古",恢复那个以儒学为主的中国传统。对他而言,分辨经学的真伪已经毫无意义,重建儒学的古典权威以作为中国人的道德模范才是当务之急。

另一点值得注意的是康有为对不同经书的重视程度。比如,他撰写了两本关于《春秋》的主要著作(即《春秋董氏学》和《春秋笔削大义微言考》),为《论语》和《孟子》分别作了注(即《论语注》和《孟子微》),可见康有为认为这些书对他有极大的意义。相反,他对于《尚书》《易经》《孝经》所著极少,对于《礼记》也只评注了一部分(即《大学注》和《礼运注》)。他曾致力于研究今文的《诗经》,但只写出了一些他认为不足以发表的文章(有一篇未完成的《诗经注》手稿存世,以及大约四十章的《毛诗礼征》)。他认为《尚书》不及《春秋》重要,因为那不过是一些对往事的记录。至于《易经》,康有为认为它只对实际事物有一些间接的涉及,但实际的事物恰恰是他最为关心的。康有为认为《孝经》是曾子的作品,而曾子又未得孔子大义,故而《孝经》也就被他直接忽略了。

由此看来,五经当中康有为所重视的只有《春秋》和一部分《周礼》。虽然对于其他的经书他也偶有引用,但唯有这两部经书才是他重建儒学的重要支柱。若从他的著述来看,这两本经书中,尤以《春秋》最得康有为青睐。

　　在19世纪80年代末到90年代初这一时间段中，康有为认为《春秋公羊传》是最完备和可靠的儒家真理。他曾在光绪二十年（1894年）表示"孔子虽有'六经'，而大道萃于《春秋》。"① 及至光绪二十三年（1897年），康有为更是进一步表示"孔子之道何在？在'六经'……浩然繁博，将何统乎？统一于《春秋》"② 之后，他又引孟子（前372—前289）之说来佐证自己。他说孟子提及孔子之学，只言《春秋》。正因为孟子特别重视《春秋》，这才最得孔子大义。《春秋》有三传：《左传》仅记载历史，不明《春秋》要义；《谷梁传》虽然记载有孔子学说，但所言不详；唯有《公羊传》阐明了《春秋》的大义。

　　然而，即便是公羊之说，康有为也并非全盘接收，仅仅选择他认为真实的公羊说（或者，应当说是他认为对他自己有利的公羊说），对于他不赞同、不需要的部分则直接无视。比如，对于两位汉代著名的公羊学大家，康有为对董仲舒极为赞扬却将何休贬为次要地位。

---

① 康有为：《桂学答问》，载姜义华、张荣华编校：《康有为全集》第二集，中国人民大学出版社2007年版，第18页。
② 康有为：《春秋董氏学自序》，载姜义华、张荣华编校：《康有为全集》第二集，中国人民大学出版社2007年版，第307页。

对于何休的学说，康有为不止一次地与其背离。例如，何休（129—182）曾经在《春秋公羊解诂》的"前言"当中表示"吾志在《春秋》，而行在《孝经》"。在何休看来，两书都是圣人的创制。① 至于康有为，如前所述，他对《春秋》极为盛赞，却漠视《孝经》。以至于在他的"变法"理论当中，根本不见《孝经》的踪影。

汉儒当中，董仲舒（前179—前104）受到了康有为的赞赏。康有为在其所著的《春秋董氏学》中，曾对董仲舒有过这样的评价："其传师说最详，其去先秦不远，然则欲学《公羊》者，舍董生安归？……大贤如孟、荀，为孔门龙象，求得孔子立制之本，如《繁露》之微言奥义不可得焉。董生道不高于孟、荀，何以得此？然则是皆孔子口说之所传，而非董子之为之也……故所发言轶荀超孟，实为儒学群书之所无。若微董生，安从复窥孔子之大道哉！"②

董仲舒在公羊学中占有颇为重要的地位，而康有为的"三世说"则是来源于公羊学，从康有为的评价中，似乎董仲舒较"孔门之保罗"的孟子更为光辉，而《春秋繁露》的价值也较《大学》《中庸》更为重要。不过

---

① 参见（汉）何休：《春秋公羊解诂》(《十三经注疏》本)。
② 康有为：《春秋董氏学自序》，载姜义华、张荣华编校：《康有为全集》第二集，中国人民大学出版社2007年版，第307页。

据萧公权先生考证，康有为赞董仲舒时应在光绪二十三年（1897年），彼时他的兴趣在于《春秋》；而康有为评估《孟子》和《大学》时应在光绪二十七至二十八年（1901—1902年）之间，应是康有为思想转变和发展的缘故。① 然而，即便康有为盛赞董仲舒，他也并未全取董仲舒的学说。他对公羊学的取用仅凭个人所需，因此时常被人指责污损了公羊学。

关于康有为对公羊学的重诂，朱一新（1846—1894）曾认为康有为是希望以董仲舒来抗衡理学，言董氏之不敢言。② 而作为康有为的死敌，叶德辉（1864—1927）则说康有为是在利用公羊学说来满足自己的私见，足以令西汉儒士痛哭。③ 康有为对于公羊学的兴趣并非学术的，而更多的是要利用其社会和政治意义。对他而言，公羊学的意义在于"今学口说，三统大义"。梁启超也曾在《清代学术概论》中说过，康有为是用公羊学来"变法"的第一人。这也可以表明，康有为所关心的，并不是公羊学的学术价值。

---

① 参见萧公权：《康有为思想研究》，中国人民大学出版社2014年版，第40页。
② 参见朱一新：《朱蓉生侍御答康有为第一书》，载（清）苏舆编：《翼教丛编》，上海书店出版社2002年版，第1页。
③ 参见叶德辉：《〈輶轩今语〉评》，载（清）苏舆编：《翼教丛编》，上海书店出版社2002年版，第83页。

当然，这样"按需取用"的训诂方法可能与公羊学本身有着莫大的关系。公羊学派的学者本身就有着依实际政治需要来解释儒学的倾向。董仲舒就曾经在皇权日渐膨胀时重新解释公羊学来中和皇帝的权威。[①]这样的方法被后世的学者们多次套用。比如到了何休手中，公羊学就反过来增强而不是削弱皇权了。

公羊学给予康有为的另一点启示则是在学术研究当中并不苛求史实的确切，比如公羊学派就提出，孔子作《春秋》，其重点在于微言大义而不是记录历史。对于这样的理论，康有为当然欣然接受并多次引用。[②]这显然为康有为打开了自由解释儒学的大门，而不必顾及历史传统。

对于《春秋》之外的其他经书，康有为并未把它们作为自己的哲学源泉，而是在他自己的思想定型之后，把这些思想加诸这些经书，使其与《春秋》相呼应。通过对群经的重诂（虽然其中不乏误解），康有为将自己对儒家经典的认识和他增删取舍后的儒学纳入了自己的哲学体系当中，使其能够成为康有为"变法"的理论依据。

---

① 参见萧公权：《中国政治思想史》，商务印书馆2011年版，第296—297页。
② 参见康有为：《春秋董氏学》，载姜义华、张荣华编校：《康有为全集》第二集，中国人民大学出版社2007年版，第311页。

为了使其"变法"理论得以自圆其说，必要时康有为也会通过训诂的方法对一些概念重新进行解释。比如为了配合对专制的排斥，康有为对传统的"忠"的概念作出了修正。康有为曾对《论语》当中微子遭商王驱逐，箕子为奴，比干被剖心有过长篇的议论："三人之行不同，而同出于至诚恻怛之意，以拨乱救民……孔子同许其仁。……微子奔周为客，箕子陈畴武王，皆不忠矣，而孔子以与比干同称，未尝责微、箕之死节。盖孔子立君臣，不过同以治民。若君为社稷死则死之，为民亡则亡之；若君无道而死亡，则非其私昵，谁敢任之？宋贤不明此义，若一君之亡，当胥天下之民而为之死者，则无义甚矣。非孔子之道也。"①

可见康有为对"忠"的观念与孔子基本一致。他接受了西方的自由观，却决不允许儒家的社会责任感被取代。对此，他在《论语注》当中对《论语·公冶长》当中的"子贡曰：我不欲人之加诸我也，吾亦欲无加诸人。子曰：赐也，非尔所及也。"进行批注时说："子贡不欲人之加诸我，自立自由也；无加诸人，不侵犯人之自立自由也。人为天之生，人人直隶于天，人人自立自由。……人各有界，若侵犯人之界，是压人之自立自

---

① 康有为：《论语注》，载姜义华、张荣华编校：《康有为全集》第六集，中国人民大学出版社 2007 年版，第 525 页。

由，悖天定之公理，尤不可也。子赣尝闻天道自立自由之学，以完人道之公理，急欲推行于天下。孔子以生当据乱，世尚幼稚，道虽极美，而行之太早……至升平太平，乃能行之。"①由于康有为并未能解除人与人之间的责任，故而也就无法给人以真正的自由。他认为，根据孔子的学说，所有的道德规范和社会关系皆出自人性的根本。②这种关系不可避免，也绝不能少。

同时需要注意的一点是，康有为似乎并不否认竞争在社会发展中的作用，他在《大同书》中所提到的"盖分并之势，乃淘汰之自然，其强大之并吞，弱小之灭亡，亦适以为大同之先驱耳"，怎么看都充斥着浓浓的社会达尔文主义。这套宣扬着"生存竞争，优胜劣败"的理论，自19世纪末期传入中国后，不断激励着中国的改革者前赴后继发愤图强，从戊戌变法一直持续到了辛亥革命。

二、"阳尊孔子，阴祖耶稣"

为了证明上述的猜想，本书选择了康有为在不同时

---

① 康有为:《论语注》，载姜义华、张荣华编校:《康有为全集》第六集，中国人民大学出版社2007年版，第411页。
② 参见康有为:《中庸注》，载姜义华、张荣华编校:《康有为全集》第五集，中国人民大学出版社2007年版，第369页。

期的几本重要著作来进行分析和考证。在解读著作的同时,尤为需要关注的是几位儒家重要人物在各本著作中出现的次数、发挥的作用及扮演的角色,这对佐证上文观点有着重要的意义。

(一)《实理公法全书》

虽然同为康有为的代表性著作之一,《实理公法全书》的知名度却远远及不上《大同书》。然而,这本书却非常值得细细琢磨。在经过上文的讨论之后,研究这本著作会对康有为思想的本质有一个更为清晰的认识。

《实理公法全书》问世较晚,长期流落海外的两份钞件,其中的一份一直到1967年才于台湾首次刊印①,而两份合校本则迟至1984年才首次于上海发表。②《实理公法全书》的篇幅很短,经过整理,全书也不过一万五千余字。然而,纵观全书可以看出,康有为在书中对欧几里得(约前330—前275)的《几何原本》的编写形式进行了较多借鉴,在每一节中首列"实理",次列"公法",再列"比例",并以按语对"公法"和"比例"加以诠释。这就使得这本篇幅不大的著作无论是从主导思

---

① 这一份主要是依据流传海外的康有为未刊稿整理而成。收入了《万木草堂遗稿外编》,出版单位为台北成文书局,1967年出版。编者蒋贵麟为康有为晚年的弟子。他所编入的《实理公法全书》的底本来自美国斯坦福大学哈佛研究所图书馆所藏的改稿钞件的缩微胶卷。
② 刊载于《中国文化研究集刊》第一辑,复旦大学出版社1984年版。

想还是编写形式，在晚清学术史上都颇有创新之意。

从全书的布局来看，《实理公法全书》在开头对"凡例"进行解释之后，又相继罗列了"实字解""公字解"两个章节，以此来解释此书的命名意向。可以看出，在著作当中，康有为有意地在对人类社会的规则进行探讨，其所着重考虑的，即自然法则与社会法则之间的相互关系的问题。

一方面，在康有为看来，欧几里得在《几何原本》当中所概括的这些数学公理，体现了包含人类社会在内的整个自然界的最高法则，也就是康有为在书中所描述的"必然之实""永远之实"。至于人类社会的所有约定俗成的习惯法，也就是康有为在书中所描述的"人立之法"。而将"人立之法"依照"必然之实""永远之实"来进行衡量和评定，有合有不合，因而称作"两可之实"。不过，无论是较实的道理还是较虚的道理，都属于人类社会必须共同遵守的公私关系的道理，这便是康有为所称的"实理"。

另一方面，康有为认为人类所要处理的问题绝不是通过简单的数学运算就可以进行模拟的。在康有为看来，人类所要处理的公私关系，无论是属于"公家"的习惯，还是属于"公推"的逻辑，都远远要比几何公理复杂许多。对此，康有为在《实理公法全书》开篇就提出,"凡天下之大,不外义理、制度两端。义理者何?曰实理,曰公理,曰私理是也。制度者何?曰公法,曰比例之公法、私法是也。实理明则公法定,间有不能定者,则以有益于人道者断,然二者均合众人之见定之。"康有为认为,在衡量人类的社会法则时,固然要首先看它是否符合自然法则,即所谓的"实理明而公法定",但有时,大道理也需要迁就小道理,"此则或因救时起见,总期有益人道也"。而这就是确定是否为"公法"的准绳。全书由此转入了人类社会处理公私关系准则的讨论。

总论"人类门"讲的是全人类都应当遵循的普遍法则。康有为从正反两方面立论,强调人生而平等,又强调古往今来"无一人不在互相逆制之内",就是说人在对立的状态中生活。[1]

接下来,康有为就分"十门"分别考察了从私到公的基本对立状态。所有关系,有夫妇到君臣的个人关系,有宗教到政治的公共关系,在他看来,符合平等原则的就合于"实理",不符合的就违背"实理"。

至于最后两节,康有为实际上将其作为了全书的附录。"论人公法"一节讲的是历史人物功过的衡量尺度

---

[1] 这也再次证明了康有为对"人性本善"学说并不认可,可知其平等思想并非由此推得。

问题;"整齐地球书籍目录公论"一节则讲的是人人必读的教科书如何选择的问题。①

纵览全书可以看出,仅就本书的编写形式而言,康有为近乎是在模拟欧几里得的《几何原本》。构成整本著作主体的全部十二个章节,完全严格按照首先陈列"实理",然后陈列"公法",接下来再陈列诸种"比例",而对于"公法"和"比例",又大部分有按语对其加以诠释。

如前所述,《实理公法全书》的研究对于厘清康有为思想的真实来源及其本质大有助益。梁启超曾介绍说康有为的大同思想来源于《春秋》公羊学派的"三世"说以及《礼记·礼运》当中关于大同的论述,这一观点长期以来也一直被研究者奉为圭臬,"谓此为孔子之理想的社会制度,谓《春秋》所谓'太平世'者即此,乃衍其条理为书"②。然而特别值得注意的是,康有为在本书中并未提及过孔子、《礼记·礼运》以及大同、小康,甚至也并未出现过公羊学说的痕迹,却大量介绍了西方存在而中国尚无,或者中西方都没有但他认为应当有的未来图景。

---

① 参见《中国文化研究集刊》第一辑,复旦大学出版社1984年版,第325—348页。
② 梁启超:《清代学术概论》,上海古籍出版社2005年版,第68页。

纵观整本《实理公法全书》，凡例、解题、附论，再加上正文所列的三十六则"实理"、二十六则"公法"、三十一则"比例"，还有穿插其中的五十六条按语，却没有哪怕只字片语提及孔子，也没有只字引用《礼记》或者其他的儒家经典。

附论说到的"推定圣经"则是指要从康有为自己辑集的"海内之书"中，包括已经出的和即将出的，每隔五年"以众论推定圣经数本"，并作为儿童教科书籍，但并非专指清政府所封的孔、孟等六"圣"的语录之类。甚至连孔子都降为必须通过定期接受公众的推选才能够确定是否能获得连任的"圣人"，竟仿佛西方社会民主制下的总统、首相一般。

这样的观点在19世纪90年代初期的清朝，简直就可以称为"非圣无法"。故而康有为也称自己的这些异想"不能言"，"言则陷天下于洪水猛兽"。[①] 照这样的情况演绎下去，康有为所扮演的似乎更应该是一个盗取西方思想的普罗米修斯的形象，应当是一个凿开中国传统思想壁垒的激进的猛士才对，而不是一个儒家传统思想的修缮者和改革者。

需要特别注意以下两个方面。一方面是康有为在

---

① 梁启超：《清代学术概论》，上海古籍出版社1998年版，第82页。

研习西学时所受到的欧几里得几何思维方式的影响。由于空间是以一种平面的形式无限延展开的，而时间则是属于一种匀速的线性运动。若将这种把时间和空间互相割裂开为特征的思维方式，拿来讨论人类社会的社会准则，就会既不能够看到同一个时间的空间当中事情的历时性，又不能够看到历时性的文化之间所拥有的共时性。正如朱维铮教授所说，当康有为在制度与实理之间，可实测之理与现存公法之间，违背公法与有益人道之间，徘徊不定，这时他的直线思维方式，便助长了他对待现实，尤其是对待政治的机会主义思想。①

正因如此，虽然按照一般的原则来说，应当是由普遍法则支配特殊法则，但是，有的时候为了"救时"起见，将不平等说成平等，将被压迫等同于压迫，似乎也都变成了合乎"人道"的。

梁启超后来就曾对乃师康有为的社会理想与政治追求的矛盾有过这样的评论，"（康有为）始终谓当以小康义救今世，对于政治问题，对于社会道德问题，皆以维持旧状为职志"。

显然，这样的思维方式的影响与康有为最终走上温和的改良路线及其相关的一些政治立场和理论立场不可

---

① 参见康有为著，朱维铮编校：《康有为大同论二种》，中西书局2012年版，"导言"第5页。

说没有关系。

另一方面是康有为思想的转变，具体表现在《实理公法全书》与《大同书》的关系上，而其中《实理公法全书》的成书时间对于我们探究康有为的思想就显得尤为重要了。

海内外现存的《实理公法全书》全部都没有标注原稿写作的年代的钞件，甚至连修订的年代都没有注明。这无疑为我们考察康有为的大同思想的形成和变化过程带来了极大的难度。

根据康有为自己所说，他是从1882年开始购买西方书籍、讲授西学的。自1885年起，康有为开始专门研究数学，并用几何形式著作《人类公理》，"乃手定大同之制"，在接下来的一年，康有为又依照几何作《公理书》。然而，他却又在《康南海自编年谱》中的光绪十二年至十三年（1886—1887年）之间，自称"编《人类公理》"。

由此就带来了三个疑问：其一，这个所谓的《人类公理》究竟是写于1885年，还是写于1887年？其二，《公理书》和《人类公理》到底是同一本书，还是两本截然不同的书？其三，这两本书（也可能是一本书）与《实理公法全书》之间又是怎样的关系？

由于迄今为止，无论是《公理书》或是《人类公理》

均未有任何一种同名的手稿或者钞件出现，所以谁也没能作出断言。鉴于康有为素来爱以先知的身份现身，且他越到晚年越陷入了一种对自我的迷信，所以，近些年，在没有书稿可以证实的情况下，没有任何一位学者会愿意相信康有为自述的"圣明史"不是他自己臆想的或者不是他自己伪造的——这几乎已经成为学界的共识。如此想来，也不排除这样一种可能，就是他从来没有编著过这两本（也可能是一本）书稿。

《实理公法全书》在最后提到过一个"万身公法书籍"，据朱维铮教授所言，其中有一份"目录提要"的钞件尚存于世。虽然其中也没有注明写作的时间，但其中所列的五种"地球书籍"提要当中，第一种便是《实理公法全书》。其所列举的节目以及序次，都与海内外的两种钞本相契合。据此，钞件中所记载的内容应当可以作为参照。

提要中强调，"此书（即《实理公法全书》）为万身公法之根源，亦为万身公法之质体"；"学者但能解此书一过，则其知识所及，较之古圣已过之远甚"。[①] 可是无论是提要还是本文，并没有哪怕只字片语提到过《人类公理》或是《公理书》。另外，《康南海自编年谱》也没

---

① 康有为：《康子内外篇》，载楼宇烈编校：《康有为学术著作选》，中华书局1988年版，第61—62页。

有提到过《实理公法全书》或"万身公法书籍"。当然我们不排除有记忆失误的可能性,但要是说康有为可以详细地记录哪一年开始研究数学之类的细节,却不记得草就的拯救全人类的宏伟计划,未免有点说不过去。

因而,我们不能否认另外一种可能,就是《实理公法全书》可能就是在综合了《人类公理》和《公理书》的基础之上撰写而成的。当然这只是一种猜测,目前唯一可以显示其创作时间的确证就是在这本书中曾经引用了1891年发布的法国人口统计数据,因此可以推定该书的成稿时间绝不会早于19世纪90年代初期,目前看来唯有这应该是不会有误的。

直接的证据因为其关联性和可信度往往能够左右着我们对一件事情作出的结论,因而无疑更为受到历史学研究的青睐,更是其最值得被重视的基础。然而,薄薄汗青中的历史勾陈,又怎能敌得过云起云落、沧海桑田?因而,采取董士伟教授在《康有为评传》中所讲授的方法似乎颇为可取:"跳出考据方法的束缚,从文本的比较中另觅蹊径"。①

具体来说,对于康有为思想的形成时间和彼此之间的关系,我们用已经确定的康有为的著作进行比较,从

---

① 董士伟:《康有为评传》,百花洲文艺出版社2015年版,第82页。

文本的内容及彼此之间的逻辑来辨析它们之间的继承和发展关系。

康有为在《大同书》卷首题辞中自称,"吾年二十七,当光绪甲申……感国难,哀民生,著《大同书》。"①《康南海自编年谱》称《大同书》成书于光绪十年(1884年),所以也称这一年"演大同之义"。李泽厚先生便根据康有为的这段自述在人民出版社1979年出版的《中国近代思想史论》中,认为《大同书》的基本观点和中心思想即在1884年就已经产生了。然而朱维铮教授认为,康有为的自述"往往不可靠,早已为众多研究所证实。(故)李(泽厚)说不足为据"②。

作为康有为的高足,梁启超却对《大同书》的介绍阐释得非常模糊。梁启超称,《大同书》乃是康有为的"第三部著述",由此推断,那么《大同书》的著成时间应当在1897年的《孔子改制考》完成以后。但是他却又说"其弟子最初得读此书者,唯陈千秋、梁启超",而陈千秋于1894年的时候即已经离开了人世,那么这就意味着此书应当于《孔子改制考》之前成稿。

然而难以解释的是,梁启超称康有为早在隐居家乡

---

① 康有为:《大同书》,上海长兴书局1919年版,第65页。
② 康有为著,朱维铮编校:《康有为大同论二种》,中西书局2012年版,"导言"第23页。

的西樵山的两年中，就已经表示"欲自创一学派"，便紧随其后地叙述了大同说的内容，所以这样看来，这本书就应当成稿于《新学伪经考》之前，即1891年之前。也就是应当是"大地震"发生于飓风刮来和火山喷发之前。正如朱维铮教授所说，梁启超论述乃师康有为的思想，"先后不同，自相抵牾甚多。"① 比如，他在1901年发表的《康南海传》(《清议报》第一百册)，首次较详细地介绍了康有为的大同论。此文也是首次承认康有为想充当"孔教之马丁·路德"，并披露康有为已经是"原教旨主义"者即"从事于孔教复原"者。但是他论康有为"孔教复原"的三阶段构想，首列《孔子改制考》，次列"大同学说"，最后列"大易微言"，而《新学伪经考》仅仅被列为"此外先生所著书"之一。

如此的自相矛盾，只能说明梁启超或许并未能看过《大同书》的原稿，或当时与陈千秋一道阅读的原稿并不是《大同书》。然而，非常不幸的是，仅就现在掌握的资料来看，这两种可能性都是存在的。但所幸的是，《大同书手稿》的发现和公开出版为我们提供了一把打开大门的钥匙。

可以确定的是，《大同书手稿》应是《大同书》定

---

① 康有为著，朱维铮编校：《康有为大同论二种》，中西书局2012年版，"导言"第24页。

稿前的作品，这一点相信不会有什么异议。那么，《大同书手稿》与《实理公法全书》之间又是什么样的关系呢？

《大同书手稿》提出"人类不平等者有三：一曰族贱，一曰奴隶，一曰妇女。不平之法，不独反于天之公理，实有害于人之发达……"然后就从三个方面叙述了不平等的具体内容，进而又提出了平等的方法。

值得注意的是，在《大同书手稿》当中，康有为主要从印度社会的种姓制度来推出"族贱"的不平等现象，而在《实理公法全书》当中却没有涉及，想是因为著《实理公法全书》时，康有为尚未去过印度，故而对其没有一个直观的认识。由此可见，《实理公法全书》实先于《大同书手稿》写就。

（二）《新学伪经考》

如前所述，《实理公法全书》的存在使梁启超对康有为大同说的形成过程的介绍发生了动摇，康有为的思想根源并非来自儒家而是更多地来自西学。同为康有为佚稿的《教学通义》，更加证实了康有为在1890年时，经由廖平教授之后，才逐渐由经古文学改经今文学的。朱维铮教授认为，正是在这一时间之后，康有为才要以"公羊三世说"来解释《礼记·礼运》的大同说，其目的正是替他的乌托邦寻找一个借以立足的支点，而这个支点无疑在中国古典当中寻找最为合适。①

毋庸置疑，1891年发表的这本《新学伪经考》在康有为的这一转变当中成为一个极为重要的时间节点，单就这本书本身而言，它也无疑是康有为改经今文学的第一声怒吼。但是，若说孔子竟会成为封建时期专制的辩护者是彼时权臣们故意伪造篡改经典的结果，也许还并不难让人接受，毕竟还是有廖平的考证作为依据。但康有为的目标是要恢复孔子的原本教旨，将儒学恢复成理雅各（Legge，1815—1897）所说的"帝国儒教（Imperial Confucianism）"②之前的原儒，这就要求其必须回答这个原本的教旨究竟是什么，原儒又是什么样的，更重要的是，如何与他的"阳尊孔子，阴祖耶稣"相调和？尤为困难的是，康有为在《新学伪经考》中已经指控刘歆是篡改孔子经典、制造伪经典的首犯，那么他所能寻觅孔子原教旨的范围就被压缩得十分狭隘，只能是孔子到刘歆之间的四百余年的时间，而且更多的还是西汉时期今文博士们解释过的那些儒学经传。

---

① 参见康有为著，朱维铮编校：《康有为大同论二种》，中西书局2012年版，"导言"第7页。
② 萧公权：《康有为思想研究》，中国人民大学出版社2014年版，第28页。

这样的束缚给康有为的理论构建带来了极大的麻烦，而随着时间的推移，康有为也慢慢找到了解决之道，这点可以从康有为的讲学中看到些许端倪。

一直到1894年，也就是《新学伪经考》被禁的那一年的讲学中，康有为仍在断断辨别今文和古文。说道"孔子改制"，虽然已经对《春秋》公羊学尤为着重，但对于"张三世""通三统"之类的解释，康有为仍然桎梏于清代经学家刘逢禄所著的《公羊春秋何氏释例》当中，其最为看重的仍是何休的《解诂》，而不是董仲舒的《繁露》。对于《礼记·礼运》，康有为则还没有引起注意。

到了1896年的时候，在广州讲学的康有为已经在前一年发动了"公车上书"，并且中了进士，甚至还组织了北京、上海的强学会。与此同时，由于在这一年中，康有为不断地上书光绪帝请求变法，此时的他已俨然成为举国公认的维新运动的领袖。他春风得意，虽然还没有成为帝师王佐，但这些成就已经足以让他沉醉。他相信，刘歆已经被他彻底打倒，甚至朱熹也已经不在话下,"只得孔子一半"①。而此时的康有为最佩服的当是董仲舒,他在《万木草堂口说·孔子改制(二)》中曾表示,"春秋之意全在口说,口说莫如公羊,公羊莫如董子。"张伯桢(1877—1946)的《康南海先生讲学记·公羊》中也录有康有为所说的,"文王之文,传诸孔子;孔子之文,传诸董仲舒。"

通过对比可以看到,之前的康有为曾盛称孟轲、荀况都是孔子的嫡派,而此时的他却在《万木草堂口说·荀子》中表示,"孟子传孔子之学粗,荀子传孔子之学精"。但康有为的改变远远不止于认为孟学不及荀学"精",现在的他认为,董仲舒所得主要是荀学的真传,甚至认为即便是荀、孟二人相加也不及董仲舒。在《万木草堂口说·春秋繁露》中,康有为就表示"读深察名号篇,知董子传荀学,不传孟学";"董子穷理功夫过于荀,荀过于孟";"董传微言多于孟,大义多于荀"。

在这一年所留下来的大量的讲学笔记中,出现了康有为对《礼记·礼运》的评论。在《万木草堂口说·礼运》当中,康有为先后提出了五个观点:

---

① "朱子不治春秋,而但言义理,通孔子之人学,而不通孔子之天学。"(见于《万木草堂口说·学术源流(二)》)

"董子解经通天人,朱子专解人事,故朱子只通孔子一半。"(见于《万木草堂口说·春秋繁露》)

第一，《礼记·礼运》是子游（前506—前443）的作品；而《中庸》的作者子思（前483—前402）应当是子游的传人而并非曾参（前505—前435）的。

第二，基于此，孟学是子游之学的进一步发展，而荀学则是对子夏之学的传承。

第三，"孔子言礼，不及大同，专言小康。"

第四，《礼记·礼运》中所记载的"小康世"，"天下为家，言礼多而言仁少"；而"大同世"，"天下为公，言仁多而言礼少。"

第五，孟子和荀子之间的区别，恰恰就在于孟子"言仁多"，而荀子"言礼多"，也就是说，一个在谈大同，一个多论小康。由此而言，不难看出在康有为看来，谁更符合孔子之道——"孟子高流，荀子正宗"[①]。

对于康有为所说的"子思出于子游""夫子之言礼专论小康不论大同"之类的论述，无论是出于康有为的立论需要还是出于其自大专断的妄言，又或者是他真实考证如是，由于没有可信的文献提供证明，大可不必追究。唯一值得注意的是，直到1896年的秋天，康有为仍没能将"公羊三世说"与《礼记·礼运》中的大同说进行有机地结合。

---

① 见于《万木草堂口说·荀子》。

其中的缘故可能是康有为生怕被人传为"阳尊孔子，阴祖耶稣"的儒家叛徒。与之相反的是，在1896年的讲学笔记当中，康有为多次以西方的现实与孔子（或者是假托孔子）的说教相印证，甚至针对性地提出了"西学似孔墨"①的观点，却与此同时再三声明只有墨子才是真正相似于耶稣的。②其结果就是他不得不硬生生地将"圣之时者"孔子，放入了时间是常数但空间却是变数的架构之中。但是，若是注意到康有为屡次说孟子批评墨子的"兼爱论"是批评错了地方，再加上他曾说

---

① 见于《万木草堂口说·诸子（三）》。
② 此时的康有为宣称，孔子生前身后最大的敌人并非老子，而是墨子。对此，康有为有过许多论述：

"老子之教曰道，墨子之教曰侠"；"汉武未立学官之前，墨学最盛"。（见于《康南海先生讲学记》）

"战国与孔子争教惟墨子"；"孔、墨弟子各以其学教天下"；"墨子非儒，故攻三年之丧"；"墨与儒并文字亦异"；（孔子谓违犹不及）"过之者墨子也，不及者老子、杨朱也"；"墨、佛远人以为道"；"淮南谓墨子学孔子之道，是墨子后来畔道，而自创教也"；"墨子传教最悍，其弟子死于传教者百余人。耶氏亦然"；"墨子颇似耶稣，能死、能救人、能俭"；"墨子之学悍极，颇似耶稣"。（见于《万木草堂口说》）

"墨子调理甚密"；"墨子之学，其最精处在兼爱，尚同，其败绩处在灭等威、无差等、短丧薄葬"；"墨子之道，与佛相类"，"佛氏无父母妻子，故全讲虚理，墨有父母妻子，故全讲实制"；"墨子之学与泰西之学相似"。（见于《康南海先生讲学记》）

"诸子之中，以墨、老为最老辈"；"老氏之教为我，墨子犹稍胜之"；"墨子之学只改得半部春秋"；"墨道难行，由于非乐"；"墨子改制，尚同、非攻诸篇与孔子同"；"墨子不谬在兼爱"；"西学多本墨子"；"墨子之学，远胜老子，西法之立倒影，至元朝始考得，墨子先言之"；"墨子尚同，略有孔子大同之义，不过墨子发挥不出耳"。（见于《万木草堂口说》）

"墨子是子夏后辈","疑墨子为孔子三传弟子。淮南谓墨子学孔子之道,是墨子后来畔道,而自创教也"[1],那么他这样强调墨子与西学的关系,其用意自然是不言而喻的了。若是再结合他的意图,此举似乎反倒是颇有些欲盖弥彰了。

《新学伪经考》刊成之前,朱一新(1846—1894)先生曾经看过部分稿件。由于不同意其中的见解,他曾经与康有为互相致函辩论。康有为将朱一新对他的批评意见概括为"阳尊孔子,阴祖耶稣",这么看来,这个概况倒也是十分贴切,想来也是康有为竭力隐藏的隐衷。

(三)《春秋董氏学》

考察康有为思想的变化过程,不得不提的就是他的《春秋董氏学》。在这本著作中,康有为主要着眼于如何打破夷夏之间的壁垒,为之后的论证扫清理论障碍。值得庆幸的是,这部著作的时间比较明确,也提供了相较于其他一些著作而言,更为确切的文献证据:

其一,可以看出,在戊戌变法前夕,康有为在主观上已经成为一名狂热的原教旨主义者;

其二,康有为的原教旨主义,其理论依据主要来源

---

[1] 见于《万木草堂口说·诸子(二)》。

于《春秋繁露》；

其三，相比较《春秋繁露》当中的"三世""三统"之类的"非常异义可怪之说"，康有为更为看重的应当是书中有他所认定的能够将孔子的原教旨说成是主张破除夷夏之防的方法论依据。

为了使自己的论述得证，康有为作出了一系列的假定：首先，他假定《春秋繁露》就是董仲舒的著作汇编；然后，他又假定孔子将道和教都统于《春秋》之中；进而，他又假定《春秋》当中的微言奥义，自孔子开始便口耳相传，而得到这口说所传的"道本"的，正是董仲舒。然后，董仲舒便把这些记录在《春秋繁露》当中了。①

康有为认为，董仲舒发明了"《春秋》例"，实乃一大功劳。因为该书"体微难知，舍例不可通晓"，就好像是在学数学，如果不能通晓方程式和各种运算符号，那只怕是一道题也做不出来。"董子之于《春秋》例，亦如欧几里得之于几何也。"②——自从《实理公法全书》之后，这是康有为首次用他心目中的人类普遍法则来比拟古代中国的一种经学算法。

---

① 参见康有为：《春秋董氏学自序》，载姜义华、张荣华编校：《康有为全集》第二集，中国人民大学出版社2007年版，第307页。
② 康有为：《春秋董氏学自序》，载姜义华、张荣华编校：《康有为全集》第二集，中国人民大学出版社2007年版，第323页。

为了进一步牢固他的立论，康有为用一个"托"字，强调了董仲舒及其"《春秋》例"的合法性。比如《春秋繁露》当中的"王鲁说"和"诡辞说"，康有为便称赞说："诡名、诡实之名，骤读之，似甚奇。然《春秋》以寓政制，其文犹代数，故皆称托，不过借以记数耳。""盖《春秋》之作在义不在事，故一切皆托，不独鲁为托，即夏、商、周之三统亦皆托也。"①——由此也可以看出，贯穿了《孔子改制考》全书的"托古改制""托古创教"说中的"托"字，其原始涵义为何了。

这也难怪为何康有为会认为《春秋繁露》当中隐藏着他的方法论精义，"不知孔子改制举起大纲，其余条目皆任弟子之推补，故孔门后学者皆有推补之权。观此可明。"②

既然障碍已经扫清，而康有为又"明"此理，自然要立即行使他的"推补之权"。他从董仲舒将《春秋》十二公分成了见、闻、传闻"三等"，也就是三个阶段中，"推补"出所谓的"三世"并不是一个时间概念，而是与时间毫无关联的一组抽象的符号，其所表征的

---

① 康有为:《春秋董氏学卷二》，载姜义华、张荣华编校:《康有为全集》第二集，中国人民大学出版社2007年版，第324、329页。
② 康有为:《春秋董氏学卷二》，载姜义华、张荣华编校:《康有为全集》第二集，中国人民大学出版社2007年版，第329页。

是"文教"是否彰显完备的三种社会性质。之后，康有为又将公羊家所说的升平、太平，"推补"为《礼记·礼运》描述的小康与大同社会，同时宣称这是孔子托之《春秋》所阐明的"第一大义"[①]。他还把董仲舒用交感巫术与占星术混合来解释改朝换代的必然性的三统说，"推补"成常中有变、顺势用权的变法改制准则，说是孔子"虑时势之多变，故预立三统以待变"，好比医生估计病情变化而提前准备的几种药方，与"三世说""皆孔子绝大之义"。[②]

不过尤为引人注意的是康有为的另外两则"推补"。在《实理公法全书》中，全书的唯一出发点是"平等"。然而到了《春秋董氏学》，"平等"被修正成为宇宙准则，但将其付诸行动时，却要强调"差等"，即所谓仁有大小，界限有九等，"以爱人类为主"[③]。此外，《实理公法全书》对中外古今的义理制度并没有进行区别，"以有益于人道者为断"。而《春秋董氏学》则承认了中西

[①] 参见康有为：《春秋董氏学卷二》，载姜义华、张荣华编校：《康有为全集》第二集，中国人民大学出版社2007年版，第324页。
[②] 参见康有为：《春秋董氏学卷五》《春秋董氏学卷六下》，载姜义华、张荣华编校：《康有为全集》第二集，中国人民大学出版社2007年版，第367、396页。
[③] 参见康有为：《春秋董氏学卷六上》《春秋董氏学卷六下》，载姜义华、张荣华编校：《康有为全集》第二集，中国人民大学出版社2007年版，第383、390页。

有别，但不断强调"泰西"现行制度不是孔子预制，就是暗合孔子教义，因此，若是要懂得"仁不仁之大小等差"，首先就需懂得，"'爱及四夷'，是太平一统之大道，后世专言攘夷者，未知此也。"① 徐勤（1873—1945）在为此书中题作"《春秋》微言大义"的两卷末章"夷狄"所补充的按语中，对乃师康有为的这一"推补义"有着更为明确的解释："《春秋》之义，唯德是亲。中国而不德也，则夷狄之。夷狄而有德也，则中国之。无疆界之分、人我之相。""则外而变内，是天下无复有内外之殊矣。圣人大同之治，其在斯乎！其在斯乎！"②

这么看来，若是从《实理公法全书》到《大同书》之间，康有为的乌托邦思想果然有演化过程的话，那么《春秋董氏学》无疑是确凿的明证了。

（四）《大同书》

关于《大同书》的成书年代，学界一直争议颇多。早在1957年的时候，李泽厚与汤志钧就曾在《文史哲》杂志上对《大同书》的成书年代发表过争论。此争论在20世纪70年代末期被重新提起，目前学术界多支持汤

---

① 康有为：《春秋董氏学卷六下》，载姜义华、张荣华编校：《康有为全集》第二集，中国人民大学出版社2007年版，第405页。
② 康有为：《春秋董氏学卷六下》，载姜义华、张荣华编校：《康有为全集》第二集，中国人民大学出版社2007年版，第416页。

志钧所证的梁启超的说法,即《大同书》应撰于"辛丑、壬寅间",也就是 1901 年至 1902 年之间。①

但该论证仍被许多研究者质疑。疑问来自书中所举的许多实例,尤其是康有为以目击者的口吻所举的北美、中西欧、东南亚、印度、近东、北非诸国的例子,大多是他于 20 世纪初游历所见。而他所举的这些例子,从 1899 年到 1909 年都有,很难确定哪些是他后来增补上的。

虽然不能确定《大同书》的成书时间是否果如梁启超所说,是在 1901 年至 1902 年之间,也就是康有为流亡印度期间,但可以确定的是,《大同书》肯定不是康有为早期的作品。对此,可以补充一些文本上的证明。

如上文所说,在《春秋董氏学》当中,康有为曾特别强调董仲舒对于孔子"三世说"的贡献,认为他兼得了孔子的大义即小康、微言即大同两类学说,也就是同时兼得了荀、孟两家学说,还认为荀学优于孟学,"仲舒作书美荀卿也"②。然而到了《大同书》当中,提及董仲舒的仅有一处,而且该处也仅仅是淡淡地称道"董仲

---

① 汤志钧为证实此考证先后撰文五篇,均收入汤志钧:《康有为与戊戌变法》,中华书局 1984 年版,第 96—171 页。
② 康有为:《春秋董氏学卷六上》,载姜义华、张荣华编校:《康有为全集》第二集,中国人民大学出版社 2007 年版,第 386 页。

舒明经义"①；另有提及孟子四处，却不再提孟子对孔子大同微言的传播作用。②至于荀子，《大同书》现存有十部，总共有二十一万字，且其中不时会说到所谓孔子的小康学说，但却对荀子只字未提。不仅如此，对于《礼记·礼运》，全书所引及的也只有一处，见于《大同书》戊部第一章"妇女之苦总论"第七节，"礼运记孔子之立大同制也，曰'女有归'。"唯此而已。

这些奇怪之处归结起来似乎只有一个较为合理的解释，那就是当康有为写《大同书》时，他已经远离了言必称孔、孟、荀、董的环境了。

众所周知，慈禧太后发动的戊戌政变不仅将光绪皇帝囚禁在了瀛台，还将谭嗣同等人变成了改革路上的殉道者，更让康有为和他的追随者以及同情者成为近代中国历史上的首批海外流亡者。在此之前，康有为曾经到过香港，但他却对这个英国殖民地的印象，要比对英法美等国共同统治的上海租界的印象差得多。在沦为流亡者的十余年中，康有为的足迹遍及了亚欧美非的近二十个国家或地区。中外鲜明的比较，先进与落后的反差，使他暂且忘却了孟荀董之类先辈的纵向差异，触目皆是

---

① 见于《大同书》戊部第三章。
② 《大同书》甲部第三章、乙部第一章、己部第四章均曾引《孟子》或孟轲的传说，却都未提及"传"孔子大同说。

中西华夷的横向区别。

　　值得注意的是，康有为在《大同书》中仍然频繁地称道孔子，大约平均五页出现一次。但此时的康有为称道孔子，不是将他说成一个无所不能的先知，就是拉他为自己学说佐证。至于所举孔子的言论主张，罕有可以真实确定是孔子说过想过的。由此可以看出，此时在康有为笔下，孔子已经不过是一种抽象的符号的表征，就如同《春秋董氏学》当中的孟子、荀子、董子一般，都不过是"代数"的符号罢了。

　　由此可以看出，无论康有为的思想经历了一个怎样的过程，他最真实的想法存在于《实理公法全书》。然而由于该书更近于西学而有悖于中国传统之学，以至于"言则陷天下于洪水猛兽"，所以康有为选择了用中国经典来为其思想进行包装，故而有了《春秋董氏学》来为其扫清理论障碍。当康有为终于不再那么需要这些外衣时，他又果断地抛弃了孟荀董，甚至连孔子也仅仅沦为了一个抽象的符号。所以，在很多场合康有为选择从"托古"的角度出发，但那只不过是一个权宜之计。他的"变法"思想的逻辑起点应当更倾向于天赋人权的西学而并非传统的儒家学说。

　　平心而论，康有为的思路不啻为一条明智的道路。美国学者李文孙（Joseph Levenson，1920—1969）早在20世纪60年代就已有如下的观察:"中国传统派人士,不论对西化的意见如何,都同意孔子乃中国文化里的圣人,以及儒学乃中国文化的精髓。然则,如果把球踢到自我蒙蔽而显然瞧不起西方的儒者那边,把当时崇尚的儒学说成不是真正的儒学,则一个较全面的改革,不仅止于物质的层面,可说是中国文化精髓的再发现,而不伤及精髓。"[①]

第二节 康有为的"三世进化论"

在康有为看来,世界上的所有国家,无论是中国还是西方国家,都是按照"据乱世""升平世""太平世"三个阶段有序发展的。在作为起点的"据乱世",人类为了自己所属集团的存亡不停地争斗,处于混乱状态之中。"升平世"指向武装化的和平状态,而"太平世"则达成了永久和平的理想状态。由此可知,康有为的"三世"理论描绘的是从混乱的战争走向永久的和平的单线型的进步发展过程。每一世都有其对应的政治制度:"据乱世"为君主专制,"升平世"为君主立宪制,"太平世"为共和制度。在这一过程中,康有为设定了政治的民主

---

① Levenson, *Confucian China and Its Modern Fate*, ACLS Humanities E-Book, 2008, v.1, p.81.

化、人类平等化的扩张、科学技术的发展、文明范围的扩大等作为衡量的指标。而其所设想的人类历史进程的最理想状态，也即"三世"理论的顶点，就是康有为在《大同书》中所描绘的世界范围内的"大同"社会。

康有为把历史看成经过各特定阶段向前直线发展的进程，这样一来，康有为的"三世"理论就打破了"天不变，道亦不变"论，也否定了历史循环论，这在当时产生了积极的影响。与此同时，康有为又确信，社会发展不能飞跃，任何一个阶段的社会形态都不能"骤至"，必须沿着既定的轨道，渐次发展。显然，这些认识对他的现实政治主张和实现其改革目的所采用的手段等方面都产生了极为深远的影响。

康有为的"三世"理论，将社会发展视为持续且不可逆的进化过程，从宽泛的意义上说，康有为的"三世"理论可以归入社会进化论的范畴。或者说，康有为的"三世"理论被称为"三世进化论"则更为贴切。

中国近代知识分子真正开始触及进化论的知识应该是严复（1854—1921）翻译赫胥黎（Huxley，1894—1963）的《进化和伦理》（1894 年），并于 1898 年以《天演论》为题公开出版之后。在其影响之下，中国大多数知识分子开始接纳生物学意义上进化论所揭示的"物竞天择""适者生存"等法则，并且将之扩展为适合于人类社会乃至全宇宙的普遍法则。

19世纪后半期，由清朝翻译馆出版的包括天文学、地质学知识在内的译本，以及从日本流入中国的西方的科普书籍等，对康有为思想的发展具有一定的刺激作用。康有为的"三世进化"说，很有可能受到了西方的自然科学书籍《地学浅释》所记述的地质进化论的影响。《地学浅释》共有三十八卷，是莱尔（Lyell，1797—1875）的《地质学原理》第四卷的中文译本，在1872年，由中国的数学家华蘅芳（1833—1902）和美国基督教传教士玛高温（Macgowan，1814—1893）合译，收录于《江南制造局译书汇刻》及张荫桓（1837—1900）编辑的《西学富强丛书》（鸿文书局1896年版）之中。在《地质学原理》当中，莱尔提出地球的变化是古今一致的，地质作用的过程是缓慢的、渐进的。地球的过去，只能通过现今的地质作用来认识，现在是了解过去的钥匙，从而以系统进化的立场说明地层变化，进而否定原先支配性的"地层天变地异"说。莱尔的这部著作可以说为近代地质学奠定了科学的理论基础，因此他被人誉为"近代地质学之父"。这部著作对形成达尔文（Darwin，1809—1882）的进化说，起到了巨大的启发和推动作用。达尔文曾赞叹说，每读完一个字，他的心中都充满了钦佩之情。梁启超于1896年在其编撰的《西学书目表》中也将该书列为必读文献之一。

与此同时，康有为将孔子描述成救世主式的、有远见的、无所不能的"圣王"，因此，人类的发展，正沿着孔子的预见，在"三世进化"的轨道上不断地前行。随着历史通过"三世"不断地向前发展，改制就变得不可避免。在变法运动这一节点上，西方各国相对而言走在了中国的前面。因此，在康有为的理论当中，所谓的"变法"，就是让落后的中国重归"三世进化"的正确轨道，从而实现孔子的理想。康有为便是如此通过重诂的方式联通了中学与西学，从而构筑起了"三世进化论"这样一种反映世界普遍性社会发展规律的庞大的理论体系。

当然，基督教传教士在中国士大夫的协助之下翻译的自然科学或技术书籍，其传递的有关进化论的知识，毕竟还只是一些片段而已。日本学者佐藤慎一曾这样指出："（受到地质进化论影响的可能性）即便存在，也仅仅是提示程度而已，'三世进化'说的框架还是康有为自身的立意，从这个意义上而言，这是中国人在受到外来的社会进化论影响之前就已经形成的'本土'社会进化论。"

佐藤慎一分析认为，"三世进化"说与《天演论》阐释的社会进化论，围绕着"社会进化"的依据和内容，存在着很大的差别。在"三世进化"说看来，社会进化必然性之最终保障，是作为宗教家的"万世的教主"孔子的预见能力，这种预见能力绝非从历史事实中归纳出来的"法则"。与此同时，《天演论》介绍的社会进化论中，进化必然性之最终保障是"法则"。也就是说，生物有机体的变化，从原始生命到高等动物，均由单一的法则支配，这一法则就是进化之"理"。另外，《天演论》"生存竞争"的立场，与"三世进化"说的主张也是相距甚远。"三世进化"强调从"力"之支配变为"智"之支配，世界从多元的争乱状态转移至统一的和平秩序。"生存竞争"在"三世进化"说中，是处于最野蛮的"据乱世"的典型状态，在康有为看来，消灭这种野蛮状态，是构成"进化"的主要内容。

第三节 改革"中体"的"变法"理论

梁启超曾在《清代学术概论》中这样回顾维新派思想的诞生过程："甲午丧师，举国震动，年少气盛之士，疾首扼腕言'维新变法'，而疆吏李鸿章（1823—1901）、张之洞辈，亦稍稍和之。而其流行语，则有所谓'中学为体，西学为用'者，张之洞最乐道之，而举国以为至言。盖当时之人，绝不承认欧美人除能制造能测量能驾驶能操练之外，更有其他学问，而在译出西书中求之，亦确无他种学问可见。康有为、梁启超、谭嗣同辈，即生育于此种'学问饥荒'之环境中,冥思枯索,欲以构成一种'不中不西即中即西'之新学派,而已为时代所不容。盖固有之旧思想,既深根固蒂,而外来之新思想,又来源浅觳,汲而易竭,其支绌灭裂,固宜然矣。"①

梁启超的表述可以简单概括为:第一,在变法运动期间,"不中不西即中即西"的新学派正在形成的过程当中。其中"不中不西即中即西"即指不要刻意地在汲取学问之前,探究学问究竟属于中学还是西学。而康有为提出的具体要求则是:"泯中西之界限,化新旧之门户,庶体用并举,人多通才。"由此可见,对于中学和西学的关系,康有为的态度在于"会通中西两学"。

第二,"不中不西即中即西"的新学派并不为时代主流所接纳。在中国传统的士大夫们看来,欧美人除了"能制造能测量能驾驶能操练"之外,其学识并没有什么可取之处。故而,新学派所面临的境遇也就可想而知了。

第三,康、梁等人所处的环境虽然是西学已经传入,但旧思想仍深深扎根。故而西学的影响仍然有限,这也就使得新学派在学术上的根基难免不牢。

中日甲午战争中,中国的惨败使得"中学为体西学为用"的理论陷入了绝境,更使得理论当中的"附会论"

---

① 梁启超:《清代学术概论》,上海古籍出版社1998年版,第97页。

和"尚古主义"面临着破产的境地。① 具体而言,"附会论"难以解释两千年来的中国传统经典如何预知现在全部的西方学问,同时,现在的西方学问又为何必须统一到中国的传统学问之中?此外,就中国文化的"尚古主义"而言,所谓的"西学源于中国"说和中国文化的世界大一统论等,其所主张的中国传统文化的预见性、绝对性、优越性的乐观主义根据究竟是什么?而在西方学问正日益明显地形成压倒性的优势的时候,寻求"古"中国文化世界普遍性这一虚幻概念已然失去了它的说服力。由此,"不中不西即中即西"的新学派的形成,可以说是康有为等人对"中体西用"论反思的合乎逻辑的必然结果了。

所谓"不中不西即中即西",是指这种新学既不是单纯的西学,也不是传统的中国旧学,而是在广泛摄取了中西方各种知识的基础之上形成的新的学术文化体系。也就是康有为所称的"合经子之奥言,采儒佛之微旨,参中西之新理,穷天人之赜变;搜合诸教,披析大地,剖析古今,穷察后来。"②

---

① 参见朱忆天:《康有为的改革思想与明治日本》,上海人民出版社 2011 年版,第 52—53 页。
② 陆乃翔、陆敦骙:《南海先生传(上编)》,载姜义华、张荣华编校:《康有为全集》第十二集,中国人民大学出版社 2007 年版,第 442 页。

为了突破"中体西用"论的理论及现实瓶颈，康有为开始构建属于自己的独特的"变法"理论。他将西方的议会制度和立宪制度等全部托付于三代圣人之道的名下，认为西方的议会制度和立宪制度的全部，不仅仅是包容于"圣人之道"之中，其本质就是孔子"微言大义"的遗训。由此，孔子从"制法之王"又被演绎成了民主主义者、议会主义者、宪法制定论者、选举提倡者等，康有为将所有近代西方的进步主义的美名都赋予了孔子。在这里，"中体西用"论构成的范式在一定程度上遭到了解构。在康有为的理论体系当中，西方的政治制度已经超越了纯粹的"器"的范畴，西学之"器"已经被完整地包容在了中学之"道"内，提升至三代圣人之"道"，通过这一转换，"道"与"器"、体用二元论的严格界限被消除，在一定程度上缓解了"中学"与"西学"、"体"与"用"之间的概念对立，能够在一个新的平台上走向融合。相比"中体西用"论，其意识形态的色彩已经有所减弱，为全面摄取西方近代政治制度、社会理论打开了方便之门。

小野川秀美称康有为的"变法"论是对"中体西用"论的"突破"。如果在概念上将这个"突破"限定为使"中体"一词的含义从"三纲五常"转为"'古'代孔教"这点的话，那么小野川的"突破"一说在理论上是成立的。

第二章 康有为"变法"理论的哲学基础

朱忆天教授在《康有为的改革思想与明治日本》中提出,就像梁启超坦承的那样,康有为成长在"学问饥荒"的环境里,所以虽然他拥有深厚的中国传统学问的根底,但对当时的西方思想,他的认知度依然很低,在知识结构上具有明显的依存中国学问的倾向。[1]

梁启超在《康有为传》中指出,康有为早年读的那些有关西方的书籍,"与政治哲学毫无所及"[2],同时,梁启超在1903年回顾变法派当时的思想时,曾言:"吾党当时盛言春秋三世义,谓孔子有两徽号,其在质家据乱世,则号素王;在文家太平世,则号文王……当时在祖国无一哲理政法之书可读,吾党二三子号称得风气之先,而其思想程度若此,今过而存之,岂惟吾党之影事,亦可见数年前学界之情状也。"[3]

若说康有为对西学,尤其是政治哲学方面的了解不甚透彻,这一点确有可能。彼时中国学者所能接触到的介绍近代西方文明的书籍多为洋务运动时期所翻译。在洋务派主持的江南制造局、福建船政局、总理衙门等机

---

[1] 参见朱忆天:《康有为的改革思想与明治日本》,上海人民出版社2011年版,第63页。
[2] 梁启超:《康有为传》,载中国史学会主编:《戊戌变法》第四册,上海人民出版社1953年版,第9页。
[3] 梁启超:《饮冰室诗话·六十一》,载《梁启超全集》第十八册,北京出版社1999年版,第5326—5327页。

构中设置的同文馆，翻译并出版了在当时可称为西方知识最大宝库的各类翻译书籍。这些书籍向当时的中国社会传递了许多来自西方的知识，技术、军事、数学、医学、力学、电学、化学等学科的专门划分，也逐渐为国人所知。但是这种翻译工作仅仅局限于几种书籍而已，对于诸如法律、政治等社会科学则仅仅涉及些皮毛，并未能形成系统的规模和深度的解析。熊月之（1949—）在《西学东渐与晚清社会》中列举了这样一组数据：西方传教士于1843年到1860年在上海的译书当中，史地语言类占10%，宗教类高达80%，自然科学类占10%；中国官办译书局，以江南制造局翻译馆为例，所翻译的自然科学类书籍占80%，社会科学类仅占20%，其中近半数又是史地类的著作。①

  由此可见，在康有为早年所涉猎的西方书籍当中，"与政治哲学毫无所及"是极有可能的，因而康有为的改革思想当中势必在西方的政治制度方面会有欠缺。但是，朱忆天教授认为康有为陷入了"西学中源说"却不尽然。如前文所述，康有为为了减少自己理论所遇到的阻力，势必要为其寻找一个"护身符"，而"托古"无疑是最好的方法。

---

① 参见熊月之：《西学东渐与晚清社会》，上海人民出版社1994年版，第205—213、500页。

第三章 康有为「变法」理论的内在逻辑

第一节 民主的夙愿

"保皇"一事是康有为最受人诟病的地方,甚至几乎可以说是康有为政治生涯最大的污点。他反对辛亥革命和民国,以及民国六年参与的复辟行为被普遍地认为纵使不算是叛国,至少也应当是反动的行为。对于这样的评价康有为似乎并不惊讶。

作为一名富于想象的理想主义者,康有为在思想上从来无所顾忌,然而,他又是一个在行动上拒绝冒进的固执的渐进主义者,这就难免使他成为反对变革的保守派与主张急变的激进派和革命派共同的敌人。因此,他自己就曾在1925年的《告国人书》当中无奈地自嘲说:"自戊戌以来,旧则攻吾太新;新则攻吾太旧。革党又攻吾保皇。"

虽然康有为被评价为"但当言开民智，不当言兴民权"①，但这并不意味着他就真的是一个拥护皇权的守旧派。事实上，康有为始终坚信，任何的国家（不仅仅是中国）若要通向富强，必然需要一个基于民权的政府。他在1888年给皇帝上的奏折中说，适当地改变几百年的古老政府结构，可以在十年内使国家实现富强。②

宫崎寅藏（1871—1922）在1899年时曾经与康有为的两个门生谈及过康有为与孙中山二人。他认为，康、孙二人在教养和脾性上颇有差别，但是二人赞扬共和民权的原则却是相同的。③

从康有为的许多著作中都可以看出他对广义民主的赞许。并且如前文所说，他也一直致力于将西方的民主思想与其所谓的"真正的儒学"搭上一些关系。比如，康有为肯定孔子对天下和平与平等的理想特别关注，他称颂尧、舜的政府就是"民主"的表现。康有为认为，"民主"为共和政府，是民主政治的最完美形式。至于被他称为"君主之仁政"或者"君民共主"的君主立宪，

---

① 梁启超：《致康有为》，载《梁启超全集》第十册，北京出版社1999年版，第5932页。
② 参见康有为：《上清帝第一书》，载姜义华、张荣华编校：《康有为全集》第一集，中国人民大学出版社2007年版，第181页。
③ 参见［日］宫崎寅藏：《三十三年の夢》，岩波书店1993年版，第126页。

不过是一种较不完善的政体，适合政治发展中处于较低阶段的国家。专制政府则是最不好最低端的政府形式，只存在于落后的国家当中。

事实上，康有为一直毫无保留地接受民主共和的价值理念，甚至认可国家乃是人民的公产。他于1901年至1902年曾介绍自己的政治理想是"天下为公，一切皆本公理而已。公者，人人如一之谓也"。在这之后，他又在保国会成立后不久，以一首诗系统地阐释了他的理论："八表离披割痛伤，群贤保国走彷徨。从知天下为公产，应合民权救我疆。"①

与此同时，康有为也曾屡次强调皇帝的孤立乃是过分尊崇的原因。在他看来，一个君主应当按照"真正的儒家（即民主）原则"来治理国家。君主不应当自认为是高贵的、是高人一等的，而应当将自己视为普通人中的一员；不应该因高居皇位而自我炫耀，而是应该为人民服务。

另一个可供佐证的例子来自康有为在戊戌年间代拟的《请定立宪法开国会折》，他在奏折中指出君主专制的基本缺点，即"吾国行专制政体，一君与大臣数人共治其国，国安得不弱？盖千百万之人，胜于数人者，自

---

① 康有为：《康有为先生诗集》，载姜义华、张荣华编校：《康有为全集》第十二集，中国人民大学出版社2007年版，第188页。

然之数矣"。

为了强调自己的说法，康有为还举了法国和波兰的例子，警告说中国如果不及时变法，改变专制的政体，势必将步它们的后尘。

康有为在《进呈法国革命记序》当中提出，法国人民受到美国革命和英王查理一世及詹姆斯一世倒台的启示和鼓励，发动了法国大革命，推翻了波旁王朝的统治。"民情大动，民心大变矣。昔之名分，不足以定之，适足以激之；向之权势，不足以压之，适足以怒之。"独裁的法国就此灭亡。但若是路易十六肯决心立宪，确定统治者与被统治者的权利与义务，那么他也许就不会被推上断头台，波旁王朝也许就不会灭亡。然而遗憾的是，路易十六至死也未能明白"且夫寡不敌众，私不敌公"的道理。①

波兰虽然与法国所处的历史境况不同，却性质相同。有意思的是，康有为特别指出波兰国王的失败在于他受制于保守派大臣以及高高在上、作威作福的母后，不能够自己做主。若是他能在局势尚未走向绝境之前还政于民，可能结局就会改写。

---

① 参见康有为：《进呈法国革命记序》，载姜义华、张荣华编校：《康有为全集》第四集，中国人民大学出版社2007年版，第371、372页。

之后，康有为总结说，法国革命让民主的步调得以加速，近代国家一个接一个的祛专制、兴民权，乃"时势所趋，民风所动，大波翻澜，回易大地，深可畏也"①。

因此，在否定君主专制，认为君主专制是造成中国长久以来衰败局面以及中国唯有改专制政府为民主政府才是解救之道这一系列问题上，康有为的立场一直是非常鲜明的。②

第二节 "虚君共和制"的由来

作为一个持续不断的改革派，康有为始终坚信改革需要一个逐步走向完善的过程。

康有为在《论语注》当中就曾明言过他的进化观："春秋之义，有据乱世，升平世，太平世。"不过此时的他已经不像早年时那般认为"三世"乃是一个简单的时间组合，而认为"三世"是一个复杂的组合群，每一组又可以再无限地进一步细分，"一世之中可分三世，三世可推为九世，九世可推为八十一世，八十一世可推

---

① 中国史学会主编：《戊戌变法》第三册，上海人民出版社1953年版，第9页。
② 参见李泽厚：《康有为谭嗣同思想研究》，上海人民出版社1958年版，第30页。

千万世、为无量世……有乱世中之升平、太平;有太平中之升平、据乱"。

康有为对政治制度的看法颇值得注意。他认为"三世"中的每一世都有其对应的政治制度:绝对的王政制度适用于"据乱世",君主立宪制度适用于"升平世",共和制度则适合于"太平世"。随着人类从较低的社会层次发展到高层次,政府的形式自然也会发生相应的转变。比如在《论语》中,孔子曾说过"天下有道,礼乐征伐自天子出"。大夫是不可以控制政府的,百姓更是不可以议论政治。对此,康有为认为其中屡次出现的"不"字应是误植,这个误植的人显然不懂孔子的真意,所以应当删去,于是康有为改正之后,正文变成了:"一统之君主专制,百世希不失。盖由乱世而至升平,则君主或为民主矣……'政在大夫',盖君主立宪。……君主不负责任,故大夫任其政。大同天下为公,则政由国民公议,盖太平制,有道之至也。"虽然康有为的解释颇为武断,却透露了他自己的政治主张。这一主张经修改之后,成为他《大同书》当中的政治哲学的要旨。

康有为认为,绝对王政是最为低级的政府,只适合于人民尚未开化的最为低等的文明。因而,为了加强他的政治理论,康有为不得不对中国古代史进行新的解释。他认为先秦并不是绝对王政。舜时期(前2255—

前2205）的政府是共和的，因而古代中国已臻"文明"，同时，实在不能视受到孔子学说教育的中国为"野蛮"。对于中国处于专制统治近两千年的现实，康有为得出结论，无论在理论上还是实际上，帝制都是不适合中国的。

但是，康有为又不主张中国立即推翻帝制。共和制虽然很好，但是并不适合19世纪的中国。民主适合于大同之世，也就是人类未来会达到的阶段。因此，从那一时期的实际来看，唯有君主立宪制是最适合当时的中国的。

同时，康有为提出，政治制度应当与国家所处的社会发展情况相适应。因此，若是一个国家已然进入"下一世"当中，却仍维持"上一世"的政治制度不变，则是大大有害的。因此，康有为将此理论应用到中国而得出结论，人民应能在政府中发出声音的时候到了。也即，应当转变为君主立宪的制度了。

有关"虚君共和制"的具体内容，基本上体现于康有为的《共和政体论》和《救亡论》这两篇论文中。康有为认为，国外的经验教训足以证明，像中国这样的国家，在目前阶段并不适合采用共和政体，而君主立宪制最为适宜，考虑到辛亥革命之后中国国内的实际情况，只能汲取这两种政体的优点，创造一种新的体制，即

"虚君共和"。按照康有为的意思,"虚君共和"似乎是他独自创造的语词。它是以共和制为主体,以"虚君"为从体,是"虚君"和"共和"的政治结合。在该体系之下,君主只不过"是名皇帝,实非皇帝",君主的权限由宪法规定,"宪法全由资政院起草决议,则全由民权共和至明",并且宪法是"一国最上法、最高权"。在这一设计中,原本在专制政体下由皇帝所拥有的立法权、行政权、人事权和军权都已经变得名存实亡了。从这一描述上看,康有为在辛亥革命之前所讲的君主立宪制更接近于德国和日本的二元制君主立宪制,而在辛亥革命之后所讲的"虚君共和制"则更接近于英国式的君主立宪制。至于康有为自称对"虚君共和制"所谓的独创,虽不能排除其作为一种巧合的可能性,但也有可能是其自负的一种谎称。无论如何,此时康有为所倡导的"虚君共和制"与戊戌变法时期所提倡的君主立宪制相比,确实发生了实质的变化。

康有为是这样描述"虚君"的:"虚君者无可为比,只能比于冷庙之土偶而已;名之曰皇帝,不过尊土木偶为神而已。为神而不为人,故与人世无预,故不负责任不为恶也。今虚立帝号乎,则主祭守府,拱手画诺而已,所谓无为之治也。"①

按照康有为的设想,这种"虚君"不过就是一种"名誉总裁",即便仍然保留着"神圣不可侵犯"的名义,但依旧仅仅是一个"土木偶"而已。那么,树立这样一个"土木偶"的意义是什么呢?为什么康有为甘愿"冒天下之大不韪"也要树立这样一个"土木偶"呢?康有为对此是这样说明的:"且夫立宪之君主至无所用也,然欧土立宪国,乃皆若至愚谬而必立君主者,盖立一无权无用之君主,人不争之,于是国人只以心力财力运动政党,只以笔墨口舌争总理大臣,而一国可长治久安矣,无复岁易总统以生争乱之患。则君主者,无用之用至大矣。故欧土各国宁备极敬礼,岁縻巨俸,鞠躬以事之,甚至迎于外国异族而立之,盖有大用者在也。"②

也就是说,在康有为的设想中,"虚君"的存在并不是出于他的"尊皇"之心,而是出于一种更为实际的功效性功能。在"虚君共和制"中,"虚君"不过是一种维持社会和政治稳定的暂时性措施,是一种过渡性的制度。但是"虚君"的存在却能一定程度避免共和政体下

---

① 康有为:《救亡论》,载姜义华、张荣华编校:《康有为全集》第九集,中国人民大学出版社 2007 年版,第 238 页。
② 朱忆天:《迈向近代文明国家的探索:康有为后期思想研究》,上海人民出版社 2016 年版,第 139—140 页。

为争总统而不断发生的政治争斗和动乱,而且由于人民的信奉和百官的敬畏,所以更有利于国家的安定。换言之,在当时的历史阶段,由于中国民众尚不具备足够的文化素质水准,为了防止争夺政权产生的混乱,需要这样一位"土木偶"式的"虚君"压住阵脚。这位"虚君"无事无权,无需特别的才能,但"虚君"是神,具有极高的资格地位,具备成为"虚君"的法统,从而获得民众的广泛认可。因此,在当时的中国,只有末代清帝溥仪或者孔子的后裔衍圣公孔令贻具备这样的法统,能够荣任此位。康有为也坦率地承认,"虚君共和论"只不过是一种过渡,中国的文明程度向前迈进,最终目标必然是共和制。

  康有为的"虚君共和论",将"虚君"与共和制这两个看似矛盾的概念糅合在一起,折中成了一种奇特的矛盾统一体。但这个如同中国古代神话传说中姜子牙的坐骑"四不像"一般似鹿非鹿、似马非马的"矛盾统一体"却并非平等地给予两个方面稳定的平衡,"虚君共和论"的核心,依旧是共和制。辛亥革命前后的康有为已经充分认识到,唯有制定宪法召开国会,确立中央和地方的自治和财政的运作方式,形成与欧美相似的政治组织,才能挽救中国的危局。因此,可以认为,康有为的"虚君共和",从根本上而言绝非反对共和制。

那么，在共和制成为当时思想界主流的背景之下，康有为为什么对"土木偶"的"虚君"仍有着如此异样的执着呢？

第三节 对共和的担忧

不容否认的是，康有为确实对民国政权充满敌意，并且执意恢复皇帝制度。但需要注意的是，康有为的"保皇"与清帝本身并没有什么直接的关系。

虽然康有为对1912年建立的中华民国极为悲观，但他仍致力于提供建议促使民国能够成功地运作。这一点尤为表现在民国初建的那两年。康有为在致制宪党的一封公开信（作于1912年初）中已明显地表现出对新的政治秩序的接纳。他在信中回忆宪政党的历史："顷闻旧朝禅让……民权是张，政党攸赖……吾党肇开，阅十四载……初期望之舍身救民之君主，故己亥至乙巳七年，吾会以保皇为名者，以反对虐民之后党也。中期进行确为立宪之政体，故丙午年吾会改去'保皇'名义，而以'国民宪政'为名……自丙、丁至辛亥，前后六年，书电纷纭，纠合国民，皆以力争立宪为事……若使摄政以来，当国者不全黩货茹奸，扫荡廉耻，摧灭纲维，嫉弃忠良，凌暴人民，粉饰伪宪，则吾党之志早可见行……君主让权,同于英国,人民议政,可保中华,不待今者流血之惨,日忧分裂之危矣。"同时,他还要求他的"同志"们接纳民国,为民国献身:"今既时运迁移,新旧代谢,合五族而大一统,存帝号而行共和……今际破坏,虽吾党所不预,而他日建设,岂吾党所能辞?……在鄙人等用是兢兢,望同志等益加黾勉。惟今国体已非君主立宪,今特复丙午前旧名,定吾党名为'国民党'……中国图强,后事至大,努力奋励,同奏新勋。"①

在1912年4月时,康有为曾草拟过一份指导国会选举及另一有关议员选举的法规。②在上述法案之中,康有为透露出自己对个人品质在选举权运作当中的重要性的重视,并且认为政令的统一高于个人权利。康有为认为,如果只是按人头,施行简单的少数服从多数的民主,那无疑将导致多数人的暴政,民主政治甚至会流于暴民政治。③他同时介绍说,流行于欧美多年的民权说已经被国权说所替代,包括老罗斯福(Theodore

---

① 参见康有为:《致各埠书》,载姜义华、张荣华编校:《康有为全集》第九集,中国人民大学出版社2007年版,第282页。
② 即《拟中华民国国会代议院议员选举法案》和《拟中华民国国会元老院选举法案》。
③ 参见康有为:《中国以何方救危论》,载姜义华、张荣华编校:《康有为全集》第十集,中国人民大学出版社2007年版,第35页。

Roosevelt，1858—1919）在内的许多西方领袖都采纳了国权说的观点。在近代竞争激烈的环境下，一个国家如果让无限制的民权所困弱，则必将走向毁灭。①

可见，彼时的康有为虽愿效力民国，却仍不忘抨击民国未成熟的制度，但其抨击多为建设性的，其目的在于改良。

由此，康有为"保皇"之目的并非出于对共和的敌视，那么，康有为坚持"保皇"的原因是否与光绪皇帝有关呢？

在戊戌时期，康有为确实曾依赖光绪的力量来进行变法。这时的他迫切需要在寡头制度当中起着决定性作用的那个人来推行中国的近代化。梁启超曾在1901年对康有为的此一立场给出了这样的解释："中国创民权者以先生为首（知之者多，而创之者殆首先生）。然其言实施政策，则注重君权，以为中国积数千年之习惯，且民智未开，骤予以权，固自不易，况以君权积久，如许之势力，苟得贤君相，因而用之……先生之议，谓当以君主之法，行民权之意。"②

---

① 参见康有为:《中国以何方救危论》，载姜义华、张荣华编校:《康有为全集》第十集，中国人民大学出版社2007年版，第36页。
② 中国史学会主编:《戊戌变法》第四册，上海人民出版社1953年版，第34页。

当然这也是康有为计划的致命失误。虽然光绪皇帝有意革新，但是，即使是日本人宫崎寅藏也认识到了欲用上谕（可能只是比白纸略胜）来扫除中国长久以来的积弊，根本就是不可能的。因此康有为的失败根本就是因为他单纯地依靠一个没有实权的皇帝的权威。①

显然，康有为并不是没有意识到皇帝不可靠，光绪本人也曾经对康有为说过，面对这么多的阻碍，他有些无能为力。但康有为觉着皇帝毕竟还是可以做一些事情的，他建议说："就皇上现在之权，行可变之事，虽不能尽变，而扼要以图，亦足以救中国矣。"②

至于戊戌变法失败之后，康有为也确实自觉受到光绪帝的厚爱，逃亡海外后一直抱有感恩之心，并表示出愿全力救助光绪帝的强烈愿望，这确实是不争的事实。康有为早先组织保皇会的目的即是恢复光绪的权力，甚至到了1900年的义和团运动时期，康有为还意图联合唐才常发动自立军起义来推翻慈禧迎回光绪。但及至后来辛亥革命，康有为虽仍竭力推崇"君主"的论调，但此时的他已经提出以孔子的后裔为"虚君"，而不握实权。

如果康有为严格规定，将"虚君"的头衔授予退位

---

① 参见［日］宫崎寅藏:《三十三年の夢》，岩波書店1993年版，第144页。
② 康有为:《我史》，载姜义华、张荣华编校:《康有为全集》第五集，中国人民大学出版社2007年版，第93页。

的宣统帝溥仪（1906—1967），那么他的尊皇之心天地可鉴。问题是从康有为的论文来看，不仅仅是清朝的遗族，只要是能够获得中国民众广泛认可的人，谁都可以戴上"虚君"这顶帽子。从这个角度分析，康有为提出"虚君共和论"的动机就不是单纯的尊皇之心，应该有更为根本的原因。

显然，当时的康有为已经放弃了清王室，也言明了他自己的立场。通过对他著作的检视可以发现，康有为所关注的始终是如何以变法来拯救中国。至于他保清的举措完全是变法之需。因此，当清朝的存在并未影响中国的前途时，康有为全不介意因保中国而保清政府。然而，当他发现清朝成了中国现代化的阻碍时——即不可能和平而有序地由专制过渡到君主立宪时，对于清朝，他就毫不犹豫地弃之如敝屣了。由此说来，戊戌时期文悌弹劾他，说他"保中国而非保大清"并非空穴来风。

与此同时，从"三世"学说的内容可以看出，在康有为的计划当中，即使君主立宪制本身，最终也要归结于"民治"。因而，康有为并不如一般所认为的单纯的忠君或者主张君治之人。

如前所述，康有为所需要的"虚君"只是一个无可争议的权威象征，以避免让中国冒政治斗争和混乱的风险。而之所以有此担忧，从民国时期康有为的诸多表现来看，是因为他对当时中国国民运用权力的能力深为疑虑。

中国当时的民众是否真的如此缺乏政治能力，以至于让康有为从戊戌时期的"倡民权"之首转变为反对无限制的民权的国权论者？

康有为的一位门人麦孟华（1875—1915）在1898年时，对京城内外传闻的民权之说发表过这样的观感："中国之民未能自事其事，即不能自有其权，未能事事而畀以权，则权不在秀民，而在莠民。"①

足以佐证麦孟华疑虑的例子便是民众在1898年对求言上谕的激烈反应。来自各地的奏折如雪片一般飞到朝廷，以至于皇帝根本无暇竟阅。②其中许多内容无关痛痒甚至可谓荒唐，而真正提出相关建议者仅为少数。③

一位在1914年亲历北京近郊地方议会的县长曾有过这样一段议论："每一区都有地方议会……和地方市政会议……按照成规，议会议员皆须是正派士绅出身。不过，事实上，议员经常由贿赂和威迫而得其位。他们系地方人氏，然非真正之代表。如地方官诚实……此辈议

---

① 麦孟华：《论中国宜尊君权抑民权》，载中国史学会主编：《戊戌变法》第三册，上海人民出版社1953年版，第13页。
② 阅转自《国闻报》1898年9月20日，文章题为《光怪陆离》，载中国史学会主编：《戊戌变法》第三册，上海人民出版社1953年版，第412页。
③ 参见中国史学会主编：《戊戌变法》第二册，上海人民出版社1953年版，第362—374页。

员全力攻讦，大加阻挠。如地方官一如彼辈贪枉，立即结党营私，有步骤地压榨百姓。"①

这样的论调绝非孤例。梁漱溟（1893—1988），是乡村重建运动的领导人，他在1930年代的早期说，如果仅仅给予投票权而不先加以训练，那么北方的老百姓将会通过投票反对禁止缠足。②时任清华大学校长的蒋廷黻（1895—1965）在1935年也说，假如人民不愿意参与政府，那么宪法就不能给予他们任何的权力。③留美学者杨庆堃（1911—1999）在1940年代后期发现，大多数的农民，包括住在国民政府首都南京附近的农民，对政治事务仍然毫不关心。④

由此看来康有为的担心是真实存在的，正如同他在1900年所说的，"伸民权平等自由之风，协乎公理，顺乎人心……将来全世界推行之，乃必然之事也……须有所待，乃可为也……中国果服革命之药，则死矣。"⑤

---

① 萧公权：《康有为思想研究》，中国人民大学出版社2014年版，第135页。
② 参见萧公权：《康有为思想研究》，中国人民大学出版社2014年版，第135页。
③ 参见《国民党与国民党员》，载《独立评论》一七六号（1935年11月），第14页。
④ 参见萧公权：《康有为思想研究》，中国人民大学出版社2014年版，第135页。
⑤ 康有为：《告同胞印（度）事书后》，载姜义华、张荣华编校：《康有为全集》第六集，中国人民大学出版社2007年版，第369页。

如前所述，虽然同样是所谓的"保皇"，自辛亥革命之后，康有为的"保皇"已经在致力于实现一种"虚君共和"的制度。因而，虽然康有为参与了民国六年的复辟，但康有为并无真正的"保皇"意图，他所倡导的，是以虚君来代替绝对王权，并不给予虚君任何的权力。① 这也造成了康有为对复辟政权所提出的诸多建议并不为张勋和其他复辟领袖所重视。

在康有为看来，在建立民主政府的原则之上，中国的国民缺少必要的政治训练，因此"君主共和"有着比"总统共和"更多的好处，虚君可以置身于政治竞争之外，可以作为国家团结、安定的象征。由此，处于统而不治地位的君主更多地只具有象征性的意义，也就对其本人的才能并无特别的要求。因而，在康有为看来，清朝的废帝与衍圣公其实都可以承担此位。②

第四节　对革命的抵制

正如汪荣祖所指出的，康有为全力推动君主立宪，

---

① 康有为《告国人书》，载姜义华、张荣华编校：《康有为全集》第十一集，中国人民大学出版社2007年版，第404页。
② 参见萧公权：《康有为思想研究》，中国人民大学出版社2014年版，第151页。

但是其中眷恋清朝之意甚少,而为中国前途着想者为多。① 康有为深信,君主立宪的成功将会促进中国的现代化,并最终使之成为一个富强的国家。然而,君主立宪最大的挑战来自革命。因为革命不仅要推翻满族的统治,而且要消灭帝制。但是这样一来就再也没有君主立宪可言了。不过,康有为竭力反对革命之说,并不完全是因为意识形态的区别,而是认为革命可能会招致混乱的局面,甚至造成亡国的现实问题。

　　1911年的武昌起义导致了各省的纷纷独立,由此而来的反对满族统治的辛亥革命渐成燎原之势而变得不可抵御。康有为满汉不分的君主立宪遭到了直接的挑战,取代君主立宪的共和之议迫在眉睫,康有为的焦虑可想而知。随着辛亥革命的不断发展,康有为的焦虑也与日俱增。革命所造成的流血、暴乱和混乱的局面,使得康有为有一种不幸言中的感觉,这无疑极大地增强了他对自己学说的信心,从而促使他在中华民国成立前后积极倡导救亡之说。这些举动在康有为看来是在力挽狂澜,然而在其他人看来不免有"火中取栗",想"抢夺革命胜利果实"之嫌。②

---

① 参见汪荣祖:《康有为论》,中华书局2006年版,第100页。
② 参见林克光:《革新派巨人康有为》,中国人民大学出版社1990年版,第446页。

如前所述，康有为反对共和，但是他并不认为君主立宪制度优于共和制，恰恰相反，康有为认为共和乃是孔子"太平世"的大道。问题在于共和制虽然美好，民治虽为正道，却并不是实施的时候。这绝非一种托词，而是与康有为整体的思想相关。"三世进化说"是康有为思想的基础，强调循序渐进的法则。就政体来说，必须从专制到君主立宪，然后再到民主共和。如果共和制先于君主立宪制出现，那么便是"颠坠"的错乱，违反了放诸四海皆准的法则。这种思维模式时而可从他所用的譬喻中表现出来，比如"夏莳荷于沼泽，秋滋菊于畦畹，则繁华绚烂；苟少易之，则废枯不生，岂能复华？"[1]显然康有为将自然之理与人事之理，视为同一公理，"适宜者存，失宜者败！"[2]

不过，康有为认为民主共和制不适合当时的中国并不完全基于自然法则。在康有为看来，除了"适时"以外，还有"适地"的问题。这里的"地"是指什么呢？是指中华大地上几千年来所形成的独特的历史文化传统。数千年来，中国推行的是君主专制的体制，从来没

---

[1] 康有为：《中华救国论》，载姜义华、张荣华编校：《康有为全集》第九集，中国人民大学出版社2007年版，第309页。
[2] 康有为：《中华救国论》，载姜义华、张荣华编校：《康有为全集》第九集，中国人民大学出版社2007年版，第309页。

有经历过民主共和的政体；如果立刻推行，则没有丝毫的经验与准备，正如盲人骑瞎马一样。所以，康有为在《共和政体论》一文中，直言"夫各国政体，各有其历史风俗，各不相师，强而合之，必有乖谬"①，而"乖谬"的后果便是"一片乱象"。武昌起义以后，康有为从日本报章上得知，"中国兵士饥馑，大江流域死者二千六百万，西人以为惨状过于法之革命"②。他曾以法国革命之惨，警告国民不可以轻言革命，然而如今的辛亥革命之惨犹有过之，由于感到自己预知的真切以及自己的不幸言中，康有为更觉得反对革命是正确的。

　　就理论而言，康有为的"保皇"立场，原与革命之说水火不容。不过，他并没有不加分析地一味拒斥革命。他很知道革命这一旧辞，乃是日本所翻译的西洋的概念，更十分了解当时革命党的心理。康有为曾表示说："亡国之甚惧而拼孤注一掷，思以救之；或缘民族之义而思逐异族，思以革之；或称响应之势，不知所止而穷极之。"③

---

① 康有为：《共和政体论》，载姜义华、张荣华编校：《康有为全集》第九集，中国人民大学出版社2007年版，第202页。
② 上海市文物保管委员会编：《康有为与保皇会》，上海人民出版社1982年版，第367页。
③ 康有为：《救亡论》，载姜义华、张荣华编校：《康有为全集》第九集，中国人民大学出版社2007年版，第226页。

然而，那时不少参加革命的人的动机，也确实不出康有为的分析之外。而这些动机或理由，依康有为之见，都是基于"感情"，而缺乏"深识"。他佩服革命者"万死不辞"、抛头颅洒热血的勇敢，但认为仅仅凭血气之勇，往往"愤怒盲从"，虽然意在爱国与救国，但实足以亡国。他完全不同意革命家所谓要建设先破坏的说法，将其斥为谬论，因为破坏容易，再建设却难。康有为认为"一旦破坏后，则中国永无建设之日"。建设需要安定和平的环境，然而革命却会招来混乱，甚至会带来许多灾难，即以革命后立国，争立新主就足以致乱，然后便是自相攻杀，没完没了的内讧。康有为在1913年的时候就说过，一个统一的局面一旦被破坏，需要相当长的时间重新建立秩序。从历史经验来看，唐朝与明朝费时数载，汉高祖也花了五年，才把局面逐步稳定下来，康有为忧虑革命党即使能够平定中国，也难以制止纠纷，甚至造成永远分裂或者亡国。

事实证明，"革命招乱可以亡国"这一观点并不能说是康有为的危言耸听，而是确实地被他言中了。正如汪荣祖所指出的，当时革命党在"社会达尔文主义""适者生存"的刺激下，亦经常以"危亡无日"作为救国的诉求。不同的是，革命党认为非打倒清政府不能救亡，而康有为则认为摧毁当时统一的局面，犹如自杀，更会导致国家加速灭亡。

更为甚者，当时的中国列强环伺，必然会乘乱索求，甚至瓜分中国。而瓜分之祸，自1898年以来，就深为有识之士们所惊惧，同时也是戊戌变法的推动力之一。从康有为的著述中可以看出，他对当时的局势有着广泛而深入的认识，对近代帝国主义侵夺弱国的事实更能如数家珍。因而，康有为深恐在革命造成国家混乱之后，中国会因为帝国主义的乘虚而入而步越南、朝鲜的后尘。①

至辛亥革命满一周年时，革命招乱已经不再是纸面上的理论，而是成为活生生的事实："各地分立，实同乱国矣。各省自举都督，又复互争都督，又复争军政分府，其一群吏互争，其属府县又互争，甚或一省而有数吏，一县而有数长……自举而内争，骄将拥兵而桀骜，豪猾乘时而盘踞。凡夫乱兵叛胁，无赖纵横，盗贼劫掠，更迭相因……民不聊生，是以士兵工商久不复业，乱象日炽。"这些不禁令康有为惊呼："今之危险

---

① "非洲已瓜分矣！中亚各国灭于俄，突尼斯、安南灭于法，缅甸亡于英，琉球、高丽亡于日，阿富汗、暹罗为两瓯脱国，待时而尽耳。"（见于康有为：《中华救国论》，载姜义华、张荣华编校：《康有为全集》第九集，中国人民大学出版社2007年版，第310页。）

变幻，百倍于晚清之世！"①根据康有为的理解，中国之所以一时间尚未遭到瓜分，并不是因为帝国主义国家的仁善，而是因为"各国号称文明，又行均势"，彼此之间形成牵制而已②。但是"万国眈眈，暴民攘攘"的危险情状，却仍然是民国初期的实况，是难以否认的事实。

后人谴责康有为反革命，首先应当知道他反革命的真正理由，以及理由所根据的事实。事实上，康有为有着颇为充分的理由和依据足以使他深信"革命"对于当时的中国实在是一服误用之药。如果这服药被贸然使用，那么势必会导致中国中毒，而必须解毒方可挽救。③那么，在康有为看来应当以什么来解毒呢？如前所述，康有为并不完全拒绝革命后的共和，更不是要维护封建王朝的统治秩序，他提出的解毒之法，便是"虚君共和"。

康有为所提倡的"虚君共和"，顾名思义，是指在维持共和政体的前提下，加上一个有位无权的皇帝。这

---

① 康有为：《中华救国论》，载姜义华、张荣华编校：《康有为全集》第九集，中国人民大学出版社2007年版，第318页。
② 参见康有为：《中华救国论》，载姜义华、张荣华编校：《康有为全集》第九集，中国人民大学出版社2007年版，第312页。
③ 康有为说："今药已误服，毒已大发，幸毒未深而毒可解。"（见于康有为：《救亡论》，载姜义华、张荣华编校：《康有为全集》第九集，中国人民大学出版社2007年版，第227页。）

并不是康有为杜撰的一个抽象名词，而是有所实指的，他明言英国与日本的君主立宪制，实质上就是"虚君共和"，而他心目中的"虚君"，乃"为一极无权之人，极无事之人，极无所用之人"，形同"土木偶"，显然是较日本和英国的皇帝更"虚"。"虚君"既然有位无权，便不会影响共和民主的实际运作，更无可能恢复专制。然则，"虚君"与"共和"两者并不相互矛盾，"虚君"亦无碍民主[1]。这一主张显示，康有为于民国成立后已经接受共和，仅仅是略作修正而已。而且不仅仅形之于文字，更付诸行动。比如民国成立不到两个半月，他就将帝国宪政会改名为国民党[2]，以五色旗为国旗，寓意五族共和，并号召他的党员担负起建设国家的重责大任，"努力奋厉，同奏新勋"[3]。

另一件可以证明康有为决定以其党赞同共和的例子发生在1912年底。当时，康有为的学生徐勤（1873—1945）被选任为中华民国的国会议员。徐勤对回国颇有顾忌，康有为对此向他保证并给予鼓励。在康有为的鼓

---

[1] 参见康有为：《救亡论》，载姜义华、张荣华编校：《康有为全集》第九集，中国人民大学出版社2007年版，第229—232页。
[2] 这里提及一个有趣的巧合，即康党的新名字也叫国民党，与孙中山的政党名称相同。
[3] 上海市文物保管委员会编：《康有为与保皇会》，上海人民出版社1982年版，第368页。

励下，徐勤赴任第一届国会议员，草拟《中华民国宪法草案》、《中华民国国会代议院议员选举草案》以及《中华民国国会元老院选举草案》等。

值得注意的是，康有为鼓励其学生担任国会议员的时间点是在1912年底，此时袁世凯已经成为中华民国大总统。① 然而当袁世凯于1916年称帝之时，康有为即于同年3月21日的《中华新报》发表了"劝袁世凯退位书"，② 前后的对比可知康有为实为赞同共和，而其反对袁世凯称帝，也并非基于戊戌时期的怨恨。

然而为何要立这样一个"冷庙土偶"的"虚君"呢？在康有为看来，"虚君"没有专制的坏处，却有防乱的好处，中国几千年来的政俗习惯于有一个皇帝，一旦废除，容易引发争夺最高位的混乱，甚至战乱。如有一无可争议之人居此高位，便可防止乱源于无形。

民国成立以后，无可争议居君位者，除了仍在紫禁城的宣统皇帝之外，就是孔子的后代衍圣公。康有为似乎更倾向于后者，说是四万万共敬之人③，"唯日本天皇

---

① 1912年2月15日，南京参议院正式选举袁世凯为临时大总统。同年3月10日，袁世凯在北京就职中华民国大总统。
② 参见张荣华编：《中国近代思想家文库·康有为卷》，中国人民大学出版社2015年版，第495页。
③ 参见康有为：《救亡论》，载姜义华、张荣华编校：《康有为全集》第九集，中国人民大学出版社2007年版，第237页。

年历与之同";事实上,若说万世一系,"比日本天皇尤为坚固矣!"康有为建议立衍圣公为"虚君"之后,改资政院为国会,公开审议国家大事,公举百揆(即总理大臣),国家自然就会"秩序不紊,争乱可泯"①。既然革命之后的后遗症就是大乱,因此必须止乱防乱,才能保民救国。康有为认为,"虚君"的设立正能达到这一目的。

然而,"虚君"果真有如此的效果吗?康有为指出,他认为是"虚君"的英国国王和日本天皇使得英日两国的宪政最具成效,而且许多欧洲国家为了他们的"虚君","备极敬礼,岁縻巨俸,鞠躬以事之",甚至于迎立异族为君,如果没有大用,又何至于此?他也指出,没有"虚君"的纯粹的共和国,除美国以外,法国政局一直不稳,其余二十几个共和国,无一不大乱,中南美尤其是"无岁不乱",主要原因就是争夺总统,而每争夺一次,"死国民无算"。康有为从外国经验得知,共和国的公民必须有极为高尚的品格,"人心皆尧舜而后可",因而共和民主较为适合小国寡民。至于美国,虽然其疆域辽阔,但美国建国之时,"人民仅仅三百万,仍是小

---

① 康有为:《救亡论》,载姜义华、张荣华编校:《康有为全集》第九集,中国人民大学出版社 2007 年版,第 238 页。

国"①。这一认知也符合康有为"三世说"的论点,将共和归于较高层次的"太平世"的制度,需要"时"与"地"的条件。

康有为亲见各省割据而无力统一,政府财源枯竭,形同"乞丐政府",因为在他看来,无君的共和在中国一开始就非常失败。民主共和应当是公有之国,然而临时约法却是由"几十个都督所举",由"一二私人所写",根本与四万万民意无关。民主必须选举,然选举"必挟兵力而后能成立",结果是"名为共和,实则共争共乱,为暴民专制而已;名为多数取决,实则少数暴民取决而已",于是,"民不聊生,国家危殆"②。他因而认为共和政体并不能行于当时的中国,所以设计了"虚君共和"的方法以作为救危挽澜之方。但是他所设计的"虚君共和"被视为反动而未被采纳,更不用说付诸实施了。如果说共和是历史潮流,那么民国成立以来五年,甚至六七年的动乱,无疑是一股强大的逆流:国虽未亡,却危机四伏;民生之惨,更是无以复加。而康有为所预见的共和之弊,却又大都不幸言中。

---

① 康有为:《救亡论》,载姜义华、张荣华编校:《康有为全集》第九集,中国人民大学出版社2007年版,第233页。
② 康有为:《中国以何方救危论》,载姜义华、张荣华编校:《康有为全集》第十集,中国人民大学出版社2007年版,第35页。

康有为的"虚君"设想,乃是基于强烈的救亡意识,而不是"为封建主义招魂"①。民国成立前后的乱象,也是无可否认的事实,这些都使他触目惊心,并竭力思考解救之法。然而,民国乱象却是日趋严重。康有为于民国四年(1915年)的所见是:"今之世何世?今之时何时哉?立国与强国狡展之下,强邻虎视之时,群盗满山,洪水漫国……今地虽皲裂,大厦将倾,而吾举国若狂!"②

现实的这种情状越发使他觉得泯除争乱,恢复秩序的重要,同时也更使他坚信"虚君"可以救共和。然而"虚君"就是"虚君",康有为绝无意或乐见君主专制死灰复燃,这一点可以从他强烈反对洪宪帝制看出。他固然极不齿袁世凯其人,更知道袁世凯称帝意在恢复专制,绝不可能甘愿做一个"虚君"。与此同时,即便是专制,袁世凯又不可能是拿破仑,反而会制造更多的混乱,故而康有为先后发表了《讨袁世凯檄》与有名的《慰庭总统老弟大鉴》以斥之。袁氏称帝,于康有为而言,是共和的又一个大劫难,即所谓"共和四年,革

---

① 林克光:《革新派巨人康有为》,中国人民大学出版社1990年版,第450页。
② 康有为:《又不忍而复言》,载姜义华、张荣华编校:《康有为全集》第十集,中国人民大学出版社2007年版,第234页。

命三起",足以证明贸然效法美法共和制度之误。对此,康有为提出了三个解决办法,但基本上不脱离"虚君共和"之议:如果一定要实施美法式的总统共和制,即以黎元洪为虚位总统,令其子孙世袭,以免因选举而起争夺,而虚位总统有礼无权,有号无事,本质上与"虚君"基本相同。如果此策不行,他建议融合古今中外的元老院以及参议院制度,于国会之外,另立元老院为最高机构,由各行省与地方推荐,并轮选七人分掌外交、内政、法律、国防、教育五司,目的是"政不握于一人,权不标于久远,自不能再有专制之患"。然而,康有为自认此策未经实施过,未必可行。所以他还是较为倾向于第三策,这一办法在欧洲屡试不爽,即"今之英国、意大利、比利时、荷兰、丹麦、瑞典诸国"皆行之"虚君共和"。他将欧洲的君主立宪等同"虚君共和",君主犹如"土木偶",垂拱而治,可得长治久安。①

康有为"虚君共和"的设想,一再形诸文字,却始终不过是纸上谈兵,对实际政治的影响甚微。然而民国六年的宣统复辟,突然又使康有为成为焦点人物。康有为无疑是复辟的主要参与人物,但绝对不是主导者,甚至是身不由己,有违自己信念的参与者。最初他对宣统

---

① 参见康有为:《中国善后议》,载姜义华、张荣华编校:《康有为全集》第十集,中国人民大学出版社2007年版,第274页。

复辟十分兴奋，因为他以为这将是成立"虚君共和"的大好机会，而宣统又正是他所拟的最佳"虚君"人选之一。他的设想是要以宣统为"虚君"，而政权则归于全体国民所有，遵守宪法，实际权力归之于国会，免除封建礼仪，实行责任内阁制，并以徐世昌为他心目中理想的国务总理。孰知主导复辟的张勋以及前清遗老的目的竟是要恢复清朝，恢复前朝官制与法律，完全与"虚君共和"的主旨背道而驰，可见康有为的建议几乎完全未被采纳。张勋等人既不采纳康有为的建议，也不让他扮演重要角色，只是让他担任了弼德院的副院长，作为徐世昌的副手，是一个根本无关紧要的闲差。

康有为"虚君共和"的理想，虽然在复辟一开始就已经幻灭，言不听，计不从，然而却使其背负了他不愿意见及的复辟罪名，结果像张勋与遗老们一样，落荒而逃，躲入使馆避难，担当了难以洗刷的封建余孽罪名。[①]固然，即使张勋主导的复辟听从了康有为的建言，但鉴于当时各派军阀各怀鬼胎，利益难以分配，也未必就能有所成就，康有为失败之余，却也是难以心服。他于1923年仍思卷土重来，至迟到1925年，距他去世不到

---

① 参见萧公权：《近代中国与新世界——康有为变法与大同思想研究》，江苏人民出版社2007年版，第252—259页。

两年，康有为依然深信"虚君共和"是最佳的良法①，可以说是坚持到了最后。

然而"虚君共和"一说，却不曾被当时之人真正理解。革命派固然视"虚君"为封建落伍，不屑一顾；守旧派，包括张勋之流，既不屑于共和，也不要"虚君"；即使是康门的大弟子梁启超，也不能认可乃师的用意，反而公然谴责，并持敌对立场。虽然言者谆谆，但听者藐藐，康有为虽为公众人物，却仍未能充分达旨。

"保皇"一词固然含有保守封建之意，然而康有为始于戊戌政变之后的"保皇"，其目的在于保立志变法的光绪帝，而不惜与执政的保守派政权展开尖锐的政治斗争甚至军事冲突，因而并不能说其是保守②。康有为"保皇"的意义即在推进政治改革。由于戊戌变法期间并未来得及立宪，故而从政治改革的进程而言，晚清的立宪运动相比之下已经超过了戊戌变法。假设君主立宪能够成功，则无疑会使传统中国政治实现现代化，实现民主，这自然是进步的而绝非守旧的。康有为明确反对革命，因为流血的革命不仅有碍于和平演进，而且会造成

---

① 参见萧公权：《近代中国与新世界——康有为变法与大同思想研究》，江苏人民出版社2007年版，第252—259页。
② 参见钟贤培：《康有为思想研究》，广东高等教育出版社1988年版，第111页。

内乱，给列强以可乘之机，甚至有亡国之虞。革命与改革是两种不同的手段，但很难说暴力的手段是进步的，而温和的手段是落伍的。

康有为反对革命一事是毋庸置疑的，但是他并不完全反对共和。他以共和为更高层次的政治境界，只因当时中国的条件不够，"遽行之不仅无微益，反而有大害，故倡'虚君共和'以救之"。"虚君"乃是要保住皇帝，以顾及中国数千年的君主传统，但其目的仍是要推行君主立宪；民国既立，故以"虚君"稳住宪政，以君主之虚名护驾民权之发展。所以"虚君共和"的意义，与"保皇"一样，主要不在保住皇帝或君位，而在保障政治改革有效和有益的进程。

由此可以看出，尽管康有为一再抨击共和的早产及其恶劣后果，但他希望自己能有助于共和，积极为共和的完善建言献策，这是有目共睹的事实。他扮演了十分活跃的知识分子的角色，知无不言、言无不尽，"吾舌犹在，吾安能忍视中国之忘，而缄之、闭之、锢之，而巧默藏身也"[①]。在呼吁救亡之余，康有为更欲求中国之富强，指出"今者敌国之强弱胜负，不争乎其兵，而争

---

① 康有为：《又不忍而复言》，载姜义华、张荣华编校：《康有为全集》第十集，中国人民大学出版社2007年版，第235页。

乎其工艺器械"①。由此可见,康有为于民国成立以后没有成为"神州袖手人",他的心态和作为与前清遗老颇为不同,说他的晚年"灰色",是一种误解,特别是误解了他的"保皇"思想。

杜亚泉(1873—1933)曾在《中国政治革命不成就及社会革命不发生之原因》中提出,"凡一事实之发生与成就必以智识与势力为基础……欧洲之政治革命、社会革命其所以使之发生、使之成就者即智识与势力之结合体也","凡此革命之发生与成就,皆有所以使之发生、使之成就之故,非可以模拟而企图之。若以模仿之故,企图革命,则其革命或不能发生,或发生而不能成就。吾人苟于欧洲之政治革命、社会革命,考其所以发生所以成就之故,则我国政治革命之所以不成就,及社会革命之所以不发生其原因可以了然矣"。②综上可知,康有为之所以始终坚持设立"虚君",其原因在于"共和乃民治之极致",需要等到条件成熟之后才可以实行,而当时的国人无论是在知识、政治能力还是理性等方面都颇有欠缺,学习美法的共和制,却屡屡造成大乱,这些

---

① 康有为:《治械》,载姜义华、张荣华编校:《康有为全集》第十集,中国人民大学出版社2007年版,第237页。
② 参见杜亚泉:《中国政治革命不成就及社会革命不发生之原因》,《东方杂志》十六卷第四号。转引自王学泰:《游民文化与中国社会》,山西人民出版社2014年版,第717页。

几乎已是无可否认的事实。康有为的"虚君"设想显然有取于其名望，可以坐镇而不必行施权力，有取于其世袭，不必因选举而争夺。他的意思是以"虚君"来稳定共和。

第五节　对于政府改革的设想

虽然康有为并不反对自由的价值，但在制度层面上康有为始终对自由保持着非常的警惕。作为戊戌启蒙思想家当中的平等派领袖，康有为显示出对政府作用的极大倚重，这点尤其表现在他在行政和经济方面的改革方略上。

康有为认为，自由如果没有自修，那么绝非政治之福。[①]他推崇德国式的政治制度，认为其能拥有优秀的行政系统、文学、军事制度、科学技术的原因在于其宪法当中对民众和政府的权力分配得当。[②]在他看来，这是

[①]　参见萧公权：《康有为思想研究》，中国人民大学出版社2014年版，第150页。
[②]　需要注意的是，康有为在20世纪20年代所推崇的是英国式的君主立宪制，也就是康有为所称的虚君共和制，而非德日式的二元制君主立宪制。但在流亡期间，康有为始终对德国模式极为推崇。关于康有为的德国观念，可参见章永乐：《在"国竞"中"去国"——康有为论德国崛起与世界秩序的未来》，载陈明、朱汉民编：《原道·总第30辑》，新星出版社2016年版，第52页。

法国和美国都不能比拟的，原因就在于美、法两国有着过分的自由。这一缺点同样发生在宪政先进的英国。因而中国应当吸取教训，不要跌入西方国家已经进入的陷阱。

需要注意的是，康有为并不反对民主政府，他只是主张政府与民众之间权力的制衡，在他看来，政府与人民都不应当有过度的权力。这样的制衡原则也被康有为运用在国会制度当中，认为两院制比一院制要好。①

在1903年的《官制议》当中，康有为曾对政府的原则、职能等方面有过详尽的论述。②康有为认为，评判一个政府的优良与否应当以其服务人民的能力为标准。其原因正是在于儒家所提倡的"国以民为本，则以治民事为先"。由此，公民的生计、教育、人身安全、财产安全等合法权利的保护，以及一切关系到人民物质和精神福利的事情，都应当是政府的职责所在。而提供这些服务的官吏则被称为"民官"。③

---

① 康有为：《欧东阿连五国游记》，载姜义华、张荣华编校：《康有为全集》第八集，中国人民大学出版社2007年版，第430页。
② 《官制议》可以说是当时中国讨论政府管制的论著当中，最有系统的一部。书中列举了政府的基本原则（第一篇），并根据这些原则对西方政治制度及中国从古代到宋朝（第二到第四篇），之后对中国当时的政治制度加以批评（第五篇）。之后又提出了改进与革新的建议。
③ 参见康有为：《官制议》，载姜义华、张荣华编校：《康有为全集》第七集，中国人民大学出版社2007年版，第234页。

因此，为了保证政府的行政能力，就要提高政府的行政效率。在康有为看来，提高效率的办法一是要明确划分职能，清楚地界定责任；二是要让中央政府具有相当的权威，使其能够有效地控制整个行政系统。

康有为认为，政府权威的范围不应当受到过分的限制，它应当有足够广泛的权力来保障其有效地服务人民。

在过去，中国处于相对孤立的状态当中，地缘政治比较简单，不必过分担心外来的侵略和竞争，因此中国政府一向很少干涉人民的生活。政府的无为而治给予了人民一种自由。但是这样无为而治的治理模式显然已经不适合现代，随着国与国联系的日渐紧密，国家之间也时常处于一种竞争的状态之下。人民的政治训练所达成的团结程度将决定一个国家的命运。因此，让传统统治模式下的中国人民来对抗井然有序的现代化的国家，就如同"驱市人乌合之众而当百炼节制之师"，其结果是可想而知的。

因此，在康有为看来，政府带给人民的最好的服务，并不是给予人民无限的自由，而是以有能力的政府来引领他们。无论是在君主立宪制还是在民主共和制国家，人民的利益都是最重要的，并且应当受到法律的保护。

另外，尽管政府对人民行使政治权威，也少有形成专制暴政的危险。换言之，政治民主与行政效率并无抵触之处，前者必须依赖后者才能成功地运作。

除了人民权力与君主权力、国家权力的划分外，康有为的另一个关注点在于中央和地方的权力划分。在《官制议》当中，康有为极为强调行政上的中央集权制和地方自治，而前者的作用在于加强政府的效率。

康有为坚持行政集中制。在1902年至1922年之间，康有为对于这一问题的著述几乎与讨论地方自治的著述一样多。19世纪末到20世纪初的中国正处于中央控制力逐渐减弱，地方离心力日渐增长的境况当中，在这样的背景下，康有为坚信只有一个强大而稳定的中央政府才能够维持中国的政治统一并带领中国走出当前的困境。

然而，康有为并不认为中央集权与地方自治是不能相容的，这就好像民主政治并不排斥政治统一一样。事实上，两者恰恰是一种互补的关系：人民只有从下自乡村、上至国家的各个层级来参与到政府的组织当中，集权的政权才不会对人民构成威胁；反过来，在一个竞争激烈的世界当中，只有中央政府不受到地方政府离心力的牵制，才能处理国家所面对的许多严重的问题。

基于此，康有为表现出对在中国实行联邦制（或联省自治）的强烈反对，这自然与他的政府主张有关，同时也是他基于当时中国所处的环境的反应。康有为的基本理念在于强大的中央集权政府与地方自治并行来赋予立宪政府更为实质的含义。他曾在1912年表示:"举是大政,不能不望之强力之政府矣……故国无论君主民主,未有不中央集权也。所与专制异者,以国会立法以分其权,而未有以地方各立为分权者也。"①

仅就最后一句话而言,康有为似乎并没能区分宪法赋予地方政府的合法权力与地方政府由于分离主义而霸占的非法权力之间的区别。此外他似乎也混淆了"政治团结"、"单一政府"以及"行政集中"等概念的区别。康有为以实际的改革者的身份来谈论当时的国家情况,毫无保留地声言政治分歧必须阻止,强有力的中央政府必须建立。需要明确的是,虽然他反对联邦,但他并不是一个主张"权威政治"或者"现代式专制"的人。②

第六节 对于经济改革的设想

政府应当为人民提供引导这一论述,最为直接地体

---

① 康有为:《中华救国论》,载姜义华、张荣华编校:《康有为全集》第九集,中国人民大学出版社2007年版,第321页。
② David Apter, *The Politics of Modernization*, University of Chicago Press, 1965, pp.396-397.

现在康有为的经济改革中。

在戊戌时期,康有为筹划了六点计划来保障中国未来的经济繁荣:健全的币制、发行银圆、制造机械、开矿、铁路与汽船,以及一个现代化的邮政。同时,康有为还提出了四个政策来改善"人民的经济":采用新技术来改善农业,依靠科技进步来发展工业,通过政府的协助和保护来鼓励商业,适当保障缺少生存技能的人、失业者以及残障人士来解决贫困。①

这些建议的核心在于一个重要的设想,即经济改革的目的不仅要富国,也要富民。也就是说,不同于1860年时自强派以"求富"为"自强"的手段,康有为将"富"直接作为目的,尤其是对中国的一般百姓而言。

康有为超越自强派的另一方面在于他认为现代化的过程必定由私人企业来主持。但是,同样基于对一般大众能力的悲观,康有为坚持政府仍需主动辅导经济的发展趋势。他希望在最初的阶段能够形成一种国营和私营携手并进的状态。因而,在1895年的上书中,康有为建议私人投资的现有银号成为政府银行允许发行纸币本金的单位的组成部分;经政府认可的私人企业家可以在符合政府计划和规定的情况下修筑铁路;持有执照

---

① 参见中国史学会主编:《戊戌变法》第二册,上海人民出版社1953年版,第140—147页。

的私人投资者可以制造任何机械，以及从事包括国防工业在内的任何形式的工业等。简言之，就是允许私人在政府行政许可的情况下介入国家经济的发展。同时，考虑到私人企业家的利益，康有为建议政府授予他们现代矿业的相关技术，并废止现有对开矿的种种限制。

在康有为的建议当中，政府在经济发展当中所扮演的角色应当是教导性的。政府需要培养企业精神以及开创能力，来帮助企业家获得现代农学与工商业的管理、经营等能力，通过知识增产，实现经济的繁荣。同时，政府还需要在各地设立学校、发行教科书来输入现代工业技术，以图工业的发展。此外，康有为还提出了建立专利制度保护发明，奖励新型工业设计和创造的发明者。另外，康有为也提出，政府只需起到积极领导的作用，而不是直接介入经济生产。这主要是根据过去的经验，他发现国营事业的效率往往较低。

政府的领导在于刺激私营工业而不是取代它。政府的角色是启导、鼓励、协助以及保护私人企业，尤其是大规模的合股企业，使其具有充足的资金、广泛的运作，以便能在对外贸易中获得更多的竞争力。

此外，政府还可以做更多的事情：减轻人口压力来缓解经济的负担；采取一些措施为失业者提供工作机会,通过各种培训来使无业者具备一技之长等。这些措施在振兴经济的同时也有利于社会秩序的维持和人道感的提升。在康有为看来,仅顾及公众利益而忽视一般百姓的福祉是错误的。在经济层面,国家和人民的利益是密不可分的,而两者同时发展的前提则是以人民的利益优先,"百姓匮乏,国无以富也。"①

可以发现,康有为在经济层面的诸多改革建议仍是以儒家的经典为理论依托,或者至少在表面上是如此。

比如,对于孔子的"均无贫"和孟子的井田理想,康有为表示说,"盖均无贫、安无倾,近美国大倡均贫富产业之说,百年后必行孔子均义,此为太平之基哉!但据乱世人少,专于农田。升平世人繁,兼于工商。然均平之义,则无论农工商而必行者也。"②

这便是康有为将孔子旧义与近代新观念相结合的例子。康有为认为农业经济势必会逐渐发展为工商业经济,仅重视土地的分配并不能充分掌握近代的经济趋势。因此,他的平均观从农业扩大到了工商业。同时,他又受到西方的启示,将孔子的平均思想与社会主义等

---

① 康有为:《上清帝第二书》,载中国史学会主编:《戊戌变法》第二册,上海人民出版社1953年版,第143页。
② 康有为:《孟子微卷一》,载姜义华、张荣华编校:《康有为全集》第五集,中国人民大学出版社2007年版,第420页。

量齐观:"太平大同之治亦不过均而已。均则无贫。今各国人群会党宗旨不出于此"①。

同时,同样受到西方的影响,康有为认为经济生产的目的在于满足人民的欲望,节衣缩食并非一种美德。康有为在评《论语·八佾》时说,"财者泉也,以流转为道。若尚俭,则财泉滞而不流,器用窳而不精,智慧窒而不开,人生苦而不乐,官府坏而不饰,民气偷而不振,国家痿而不强。孔子尚文,非尚俭也,尚俭则为墨学矣。后儒不善读此章,误以孔子恶奢为恶文,于是文美之物皆恶之。历史所美,皆贵俭德,中国文物遂等野蛮,则误解经义之祸也。"

康有为认为尚俭乃是"据乱世"君主之事,不应见于较进步之世。康有为在评论《论语·泰伯》中孔子赞美大禹节俭之德时,承认征用劳工来满足君主私欲是应当节俭的,他说:"若后世已用雇役,而君主已行立宪,则国体所关,文明所在,以工代施,愈能峻宇雕墙,愈益穷民,愈壮国体……卑宫但据乱世之一统耳,文明世则改之。"②

---

① 康有为:《论语注》,载姜义华、张荣华编校:《康有为全集》第六集,中国人民大学出版社2007年版,第511页。
② 康有为:《论语注》,载姜义华、张荣华编校:《康有为全集》第六集,中国人民大学出版社2007年版,第443页。

至于康有为经济措施的真正来源,他在1895年所持的立场仍然是儒家的"百姓足,君孰与不足"①,他的所作所为也可能正是此一看法的反映。但也不能排除他是在仿效日本明治政府。明治政府在19世纪60年代末期强有力的领导促使日本在19世纪80年代初期以来资本主义经济的腾飞。甚至有可能康有为在一定程度上受到了他前一代人及当时一些人,比如薛福成(1838—1894)、马建忠(1845—1900)、郑观应(1842—1922)等人或多或少的影响。②当然,对于此事,自视甚高的康有为是很少提及的。

在日本近代化的初期,政府扮演了极为重要的角色。有人认为日本工业化的开始主要是一个政治事件。即使后来工业化已经在各种领域中形成,政府仍然发挥着领导者的作用。经济改革的有力领导大大刺激了经济的发展。明治政府修建了日本的第一条铁路,建造了第一批轮船,设立了第一条电报线,资助了各种聘用外国顾问及使用新方法的西方工厂,采用了金本位制,输入各级专科教育,教授关于农业、工商业、技术等各种广泛的知识。此外,政府也在各方面帮助新企业和新工

---

① 见于《论语·颜渊》。
② 参见赵靖:《康有为的经济思想》,载《赵靖文集》,北京大学出版社2002年版,第35页。

业，这些成为国家政策的主要目标。

虽然明治初年，日本国家的实权掌握在维新派的手中，但天皇仍是国家统一的象征。尽管"尊皇攘夷"的口号仍带有保守的色彩，但维新派实际上是以复兴古时皇权作为国家现代化的核心力量。因此，天皇的价值不能被低估，有时天皇的名字就可以破除工业化和现代化的障碍。

康有为等改革派被日本明治维新的模式所吸引并不奇怪。在康有为的改革计划中，与日本模式相吻合的地方颇多，比如：政府起领导作用、皇帝扮演重要角色、私人企业作为基本动力以及教育与经济现代化齐头并进，等等。在康有为看来，以日本成功的经验为引导，中国必然可以实现自身经济的发展。

事实上，许多研究经济的学者都认可政府在经济发展当中的重要作用。他们指出，较后发动的工业化不能像先进国家一样从容不迫。后进者势必需要依赖政府的计划与指导以实现快速而有序地发展。[1] 只要有良好的工业化计划与其他经济设施，不管政府的主义如何，都可

---

[1] Alan B.Mountjoy, *Industrialization and Underdeveloped Countries*, London: Hutchinson, 1966, p.81.

促进其成长。① 当然，国家的计划自然无须覆盖到经济的每一个角落而不给私人留下任何的机会，但政府需要明确地制定好国家的计划，动员与分配好主要的资本和劳动力，开拓公有部分的经济，同时引导好私人企业。②

政府至少要能够提供促进经济发展的政治条件。法治环境必须得到维持，这包括了保护私人权益不受侵夺、制定相应的规章制度以便商人决策和推广业务等。同时，政府也应当在公众事业上进行投资，比如交通、通信、发电厂、学校和医院等。这些设施对于发展有着极为重要的作用，而私人资本在这一方面显然不足以产生足够的效果。

此外，康有为的许多措施也颇有社会主义的味道。事实上，至迟到20世纪初期，对于那些关注着西方文明及其思想文化的中国学者而言，"社会主义"早已不是陌生的新词。早在1891年的冬天，上海出版的《万国公报》就已经开始连载贝拉米（Bellamy，1850—

---

① Alexander, *A Primer of Economic Development*, New York: Macmillan, 1962, p.88.
② Gerhard Colm and Theodore Geiger, "Public Planning and Private Decision-marking in Economic and Social Development," in Richard J. Ward, *The Challenge of Development: Theory and Practice*, pp. 5–7.

1898）的《回头看纪略》①；1899年,《万国公报》又介绍了马克思的社会主义学说，称之为"安民新学"。苦于中国社会的前近代顽症的青年学者们很容易就在社会主义思想中找到了不少的共鸣，在政见对立的《新民丛报》与《民报》上，都出现了关于社会主义是否适合于中国的研讨。留日的激进青年们还组织了社会主义讲习会，他们认为在未来的中国实行社会主义已经不够，更应实行无政府主义。②

与之相比，康有为的《大同书》中描绘的世界已经显得相对"落后"了，因为他认为在大同世界当中，政府、警察、法吏等权力职能仍有存在的必要。

---

① 康有为显然看过这部小说，并对其中称述的公元2000年的社会前景产生了深刻的印象，以至于他在《大同书》庚部"去产界公生业"当中关于未来流通、分配和消费等方面的构想与《回头看纪略》高度雷同。
② 参见杨天石编:《"社会主义讲习会"资料》,《中国哲学》第一、九辑，生活·读书·新知三联书店1979年、1983年版。

第四章 康有为的「未来中国」

第一节　两个文明的交融

晚清时期，对于汹涌而来的西方文明，中国的知识分子和士大夫主要持有三种不同的态度。持保守态度者始终坚信中国的传统是不存在任何问题的。对于效法夷学，他们始终是排斥并且厌恶的。晚清大臣、理学家乌齐格里·倭仁（1804—1871）便是其中最具代表者[①]。持极端态度者则与其截然相反。他们对于中国传统是十分失望的，甚至认为其几近一无是处，唯有通过无条件地西化才可以从困境当中解脱。何启（1859—1914）、胡

---

① Ssu-yu Teng and John King Fairbank, *China's Response to the West*, Harvard University Press, 1979, pp.76-77.

礼垣（1847—1916）等人便持有与此接近的态度。①至于居保守者与激进者之间，持中间态度者，仍可以细分为两个部分。一些人认为"中国之学"确实"多少存在些问题"，应当从局部上对其进行西化。②另一些人认为中学与西学之间所差异者仅限于表面。他们认为，对于已经不合时宜的政治、经济、教育等制度进行改革并不是西化，而是一种世界化。在他们看来，这一过程不过是把中国文化提升到世界共同的水平。从《危言》一书来看，汤震（1856—1917）便持有与之类似的观点。他认为，"西人的政教制度大体基于《周礼》，而科技则源于先秦诸子"③。这一说法与宋儒所说的天理相通、四海同心颇为相似，也具有更强的说服力。联合国第三任秘书长吴丹（U Thant，1909—1974）便提出，"文明人的理想是相同的"。他认为："似乎有一种假定，说东方有一个文明，西方亦有一个截然不同的文明，因此，在不同地域间的人民，不可避免地会有紧张或冲突的关系。我认为，这种观念是错误的。一个文明的缅甸人和一个文明的美国人，并没有什么根本的差异，但两者与其较

---

① 参见何启、胡礼垣：《新政真诠——何启 胡礼垣集》，郑大华点校，辽宁人民出版社1994年版。
② Ssu-yu Teng and John King Fairbank，*China's Response to the West*，Harvard University Press，1979.
③ 萧公权：《康有为思想研究》，中国人民大学出版社2014年版，第257页。

不文明的同胞间则有很大的差别。任何地方的文明人都具有共同的理想，这些理想是他们联合在一起的力量。"

应当认识到的是，晚清时期的知识分子和士大夫在应对中国走向世界这一历史走向之问题上，若非盲目愚昧而能正视中西方文明之优劣者，则无论其在世界化这一问题上持有怎样的主张，也不论其所持之主张是基于怎样的动机或基本信念，他们在中国政治思想史上大都有着一定的重要性。这是因为在有意无意之间，客观上他们都一定程度地推动着古老的中华文明走向世界，促进着思想上的世界性交融与发展。诚然囿于历史与现实的局限，他们对于西方文明的了解并不全面，难免存在粗疏肤浅的地方，但相比因愚信而偏执的立场要进步许多。

从其著述，尤其是一生中的一些特别时刻来看，康有为实可归入上述的最后一小群人当中，甚至从一定意义上来看，康有为可谓其中的翘楚。[①]西方文明对于康有为的冲击不仅重构了他的政治思想与社会思想形态，且更加促进其以西学对中华文化进行了重诂。萧公权肯定了康有为的这一思想历程，认为这一历程开启了一个新的历史趋势，并且是"导致二十世纪前半叶一连串思想

---

① 参见萧公权：《近代中国与新世界——康有为变法与大同思想研究》，江苏人民出版社2007年版，第326页。

变迁的第一步"。①康有为自1879年开始阅读西书,比如林乐知(John Young Allen,1836—1907)等人编写的关于翻译外国报纸新闻纪略的《西国近事汇编》,李圭(1842—1903)撰写的直隶总督李鸿章作序的《环游地球新录》②,等等。无疑,书中对于西方世界的描述对康有为产生了很大的影响。之后,康有为又到访香港,进一步证实了他在书中认识到的世界。自此,康有为开始更加热衷于对西书的收集和阅读。西学对于康有为的影响与改变之一,便是使其放弃了应试,全心致力于"新识深思"。由此来看,康有为之所以弃古文经而从今文经,在一定程度上也有可能是醉心西学的缘故。

随着对西方文明了解的不断深入,从1880年代初期到1900年代,康有为的态度也经历了多次的转变。但他始终不赞成对于中国传统的抛弃,只是希望能够对其进行改善。通过撰述《实理公法》与《康子内外篇》,康有为提出了不从习尚的思想。钱穆就曾经提出,康有

---

① 参见萧公权:《康有为思想研究》,中国人民大学出版社2015年版,第258页。
② 其中"美会纪略"讲述了1876年5月10日至11月10日于费城举行的百年纪念万国博览会;"游览随笔"记载了李圭游历费城、华盛顿、康涅狄格州首府哈特福特、纽约、伦敦、巴黎等地的经历,中国留学生及中国移民的状况,苏伊士运河的历史,西方国家的生活等;"东行日记"则主要讲述其经日本赴美的行程等。

为对于儒学的重诂实际上是"用夷变夏"①。但应当留意的是，康有为的所作所为并非对西化的赞同。他对西方文明与思想所表达出的含蓄的认同，仅限中西方文明有共同之处。对于西方文明思想以及其中的一些主张，儒家思想本身也并无排斥，甚至也可赞同。事实上，诸如"天下"的观念本身即蕴含着一定的普及思想。至于儒家主张的圣王不分内外、天下大同等，都为康有为的这一论调提供了支持。②康有为也相信，这是印证理学家们所倡导的天理相通的一条便捷之路。康有为从自身对中西方文明的了解出发，自是相信真理不分内外。在奠定这一思想的理论基础之后，由此出发的康有为自然可以对不能接受的中国旧制度、旧文化、旧价值予以拒斥，并把西方的文明与思想纳入自身的体系当中。

持此观点和普及方式之人并不止康有为。当时，许多深识中华文明传统，并且对于西方文明颇有了解的学者、士大夫、思想家都想通过交融的方式实现中西方文明的交会相通。蒋梦麟（1886—1964）在美国留学时便对其思想变化有过相关的描述："我开始了解东西方的整体性，同时也更深切地体会到宋儒陆象山所说的：'东海有圣人出焉，此心同，此理同。西海有圣人出焉，

---

① 钱穆：《中国近三百年学术史》，商务印书馆 2011 年版，第 660 页。
② Chiang Monlin, *Tides from the West: A Chinese Autobiography*, p.75.

此心同,此理同。'……孟子和陆象山告诉我们,做学问要抓住要点而舍弃细节,要完全凭我们的理智辨别是非。于是我开始发展以理解为基础的判断能力,不再依赖传统的信仰。"

在对西方的书籍进行研读之后,康有为显然也有类似的感受,只是康有为的所得影响并推动其作出了现实的试验。但毋庸置疑,康有为、蒋梦麟以及彼时其他与之相似的知识分子,均应称为"世界主义者",而并非"西化者"。萧公权教授认为,这些人的立场与德川时期以后的日本"第一代知识分子"并不相同。后者被认为是"盲目地跳进"西方"进步与侵略性的文明"并且进行了盲目地学习。

从这一立场出发,康有为在此"世界化"的阶段当中并不仅仅对不合时宜的中国传统进行批判,事实上,不符合康有为体系的西方文明也同样被其列入了批判之列。特别是在1898年之后,康有为在流亡国外期间更加直接地对西方社会进行了观察。这一时期,康有为的著作中即包含有对西方文明的一些批判之词。近距离的观察使康有为对于西方政治和社会颇有难以认同之处,也使康有为对西方的政治文明不再膜拜,转而增加了对西方物质文明的赞赏。在《大同书》中,康有为对于现存社会进行了毫无保留的批评,对于中西方的国家、家庭和私有财产等基本制度进行了激烈且蓄意的谴责,但他也认为科技的持续发展将会成为人类到达极乐境界不可或缺的基础。在1905年写就的《物质救国论》当中,康有为进一步强调了西方之强大,完全在于其物质文明的发达,而中国的衰弱,则完全因为缺少现代科技的支撑。因此,康有为认为,中国若要寻求生存、寻求强大,唯一的途径即是采用西方的科学技术等物质文明,从而使自己的精神文化得以保存。正是在这一思想的基础上,民国初年康有为大力倡导以儒教为国教,呼吁国人不要"全盘西化",以维国性——中国传统的政治、社会以及道德价值。

但这一保中华文明的道路似乎仍不是康有为所追求的终极真意。事实上,康有为真正所希冀的"大同"是"天下的大同",并不是中华文明或西方文明的如何进步或完善。这一观点在康有为的另一颇为值得关注的著作——《实理公法全书》当中即有所显露。书中所述大部分来自康有为阅读西方书籍后所了解到的西方思想。如前所述,康有为并不认为其所采用的西方思想是外来的,而应当是一种普世有效的真理所在。从这一角度出发,似乎很难认定康有为故意要"走私西方思想到中国传统中来"①。在此,康有为所期望的似乎是要建立起打破国家与地域界限的一套"普世价值"。他坚信,有效的价值应当是普世通用的真理。因而,康有为并不是要保存中国文明或者对中国文明进行维新,也不是要把西方的价值注入中华文明传统当中。事实上,康有为所要做的是要将一些价值抛弃在其所认同的"普世价值"之外。在康有为看来,"世界化"并不是一种路径的选择或者方法的设计,而是一种思想信念。这一信念得以延续,并成了《大同书》的核心要旨。作为《实理公法全书》一书的核心,在康有为的设想当中,"世界化"的世界,人类会在同一个政府治理之下共同和谐地生活。彼时,人们不再受限于上帝对于人们修建通天塔的惩罚,打破了不同语言的障碍,消除了不同政治制度或者宗教信仰所造成的隔阂与矛盾,并且采用了全世界共用的历法。

虽然如此,康有为仍然为彼时的中国设计了通往大同之路。在游历东西两个文明世界之后,康有为尝试为古老中国寻觅一条与以往极为不同的道路。这一道路并不是康有为所思考的通往未来的大同之路,而是对于当时的中国而言可以实现强盛之路。这一时期,康有为

---

① Joseph R.Levenson, *Liang Ch'i-ch'ao and the Mind of Modern China*, Harvard University Press, 1953, p.48.

已经不再像戊戌维新时期极力为制度和思想的改革鼓与呼，而是仅仅追求工业化的转型发展。由此看来，康有为在表面上似乎转向了与张之洞的《劝学篇》更为接近的立场，虽然《劝学篇》一文原是张之洞为驳斥康有为而作。

第二节 现代化的进路构想

在《大同书》中，康有为构想了一个"无有阶级""无有家庭""无有国家"并且一切平等、天下为公的乌托邦。这种空想社会主义社会的政治理想无疑是极为超前的。对此，梁启超认为康有为是近代中国"先时之人物"，"开常人所未开"。但与《大同书》中所展现出的这种"进步思想"和其勾画的政治蓝图相比，康有为设计的渐进式政治改革路径却显得有些盈科后进。对于这种反差，梁启超认为康有为"思必出位，所以穷天地之变；行必素位，所以应人事之常"①。

基于三世公羊学和进化理论共同奠定的理论基础，康有为的政治哲学处处展现出他对中国所处的历史阶段和现实任务的确认。在康有为看来，彼时中国所处的世

---

① 梁启超：《南海康先生传》，载《康有为全集》第十二集，中国人民大学出版社2007年版，第436页。

界格局，是一个以民族国家为主体的国际竞争格局。面对这种万国竞逐的争夺之世，康有为认为要将他内心所追求的大同世界秘而不宣，大同的世界虽然符合王者无外的儒家天下理想，但并不符合当时时代的需要。在当时"对内文明，对外野蛮"，内外有别的时代秩序当中，中国首要的是"保国""保种"，避免遭列强的瓜分。立足康有为所处的时代，仔细打量康有为彼时所要面对的客观实际，不难发现，康有为为中国设计现代化路径的过程中需要首先解决两个问题，一是如何使古老的中国从一个王朝转变为现代化的民族国家；二则是对于这个新生的中国，如何对其内部秩序与治理体系进行安排。

康有为坚信，只有维持统一的中国才能够在这样的时代秩序中具有竞争力。也正因为此，康有为并不认同以激发种族仇恨为基础的革命运动，他认为新的国家应该建立在清代既有的疆域基础上，并且担心如果发动种族革命将会导致周边民族的分裂。[1]

对于革命派关于民族国家由一个民族构成的观点，康有为并不认同。他认为，要建立一个强大的国家，需要将国内各个民族团结在共同的国家理念下，而不是将已经纳入国家的民族分裂出去。他从德国的经验中得

---

[1] 参见干春松：《保教立国——康有为的现代方略》，生活·读书·新知三联书店 2015 年版，第 5 页。

出这一结论，强调国族的角度对于理解民族国家至关重要。

也正因为此，康有为强烈反对晚清和民国初年备受推崇的"联邦制"和"联省自治"。尽管美国是一个成功的联邦制国家，但不能简单地认为中国也应该效仿。在康有为看来，联邦制虽然在某个阶段可能是一个可行的选择，但只能被视为迈向建立一个统一国家目标的过渡。

在论战中，康有为始终主张应对"民族"这一概念进行正确理解。由于中国地域相对封闭，以及独特的价值观念，中国境内的各民族一直在不断融合。作为清朝统治者的满族，他们已经接受了儒家思想和生活方式，因此已经融入了中华民族。康有为认为应该通过不同途径，如改姓汉姓等方式来促进民族融合，而不是采取排斥的策略。

出于"保全"中国的信念，康有为始终坚信需要完整地继承清朝的领土和人口，只有在这个基础上才能实现真正的独立。因此，康有为对于国家意识的培育极为重视。他与陈焕章（1881—1933）合力筹建了孔教会，希冀以此使儒家思想得到更广泛的传播；同时，他还试图通过将孔教定为国教的方式，将儒家的价值观念作为凝聚国民的核心资源。

这一国教的设计思路备受争议，人们担心其可能会因此限制信仰自由并助长汉族沙文主义。然而，如果我们深入了解康有为对宗教的理解，特别是他提出的多元国教观念，就会发现他实际关注的是如何在一个多元民族构成的国家中找到共同的价值观。

新生民族国家的内部秩序和治理体系是康有为另一亟须解决的问题。

"百代都行秦政法"①。清末的思想家与政治家们所面对的是一个已经历经千年运行的帝国体系。林尚立（1963— ）教授认为，这个帝国体系实质上已经演变成一个高度有机的政治生活系统。在这个系统的运作下，"帝国体系一方面把个人生活、家庭生活、社会生活和国家政治生活有机地联系为一个整体；另一方面则把国家与社会、中央与边缘、汉族与周边民族有机地整合为一个整体，从而形成高度秩序化的政治。"② 钱穆先生也在对中国传统社会进行研究时指出，"中国自古代封建贵族社会转移而成四民社会，远溯自孔子儒家，迄于清末。两千四百年，士之一阶层，进于上，则干济政治。退于下，则主持教育，鼓舞风气。在上为士大夫，在下

---

① 见于毛泽东：《七律·读〈封建论〉呈郭老》，原诗是："劝君少骂秦始皇，焚坑事件要商量。祖龙魂死业犹在，孔学名高实秕糠。百代都行秦政法，十批不是好文章。熟读唐人封建论，莫从子厚返文王。"
② 林尚立：《中国共产党与国家建设》，天津人民出版社2009年版，第19页。

为士君子，于人伦修养中产出学术，再由学术领导政治。广土众民，永保其绵延广大统一之景运，而亦永不走上帝国主义资本主义之道路，始终有一种传统的文化精神为之主宰。"①

在开始推行"托古改制"之前，康有为即已经着手传播民权、平等、议会、宪政等观念，以期唤起中国知识界的共鸣。然而，对于这些观念背后的制度设计及相关理论依托，康有为却缺乏深入的理解。他的关注点仅在于如何打破僵化专制的皇权体系，通过设立制度局等方式促进社会向积极方向发展，使底层民意得以有效表达。戊戌变法后，康有为开始了长达十几年的流亡和旅行，游历之处遍及欧洲、美洲、非洲、亚洲三十多个国家。在这期间，他经历了重新诠释儒家经典的沉潜时期，与各国政要、知识界讨论中国改革得失的反思时期，以及对比不同国家相同制度带来不同效果的比对时期。这些经历和思考使康有为坚信，中国并没有可以简单模仿的现成模式。他曾戏谑地表示，如果可以直接照搬美国、法国等国家的经验，那么政治将变得轻而易举，只需派出一些留学生，复制他们的制度和法律，国家就能变得强大富裕。

---

① 钱穆：《国史研究》，生活·读书·新知三联书店2001年版，第51页。

在康有为的认知当中,一个国家体制及其具体制度的确定务须立足于两点:一是要看现实的可能性;二是要照顾到本国的人心、习俗、礼仪以及法度等现实情况。

与晚清民国时期广泛流行的乐观主义不同,康有为对中国实行共和制度的可行性持怀疑态度。在对比了英国、法国、美国、瑞士等国家的民主共和体制之后,康有为认为:瑞士的直接民主制度只适用于小国;美国的总统制则需要配合交通、通信等条件才能实现民主形式。相比之下,他认为英国的虚君制度和上下议院体系更适合中国国情。

因此,在民国初期,康有为曾持续坚持"虚君共和"才是中国最适合的政治形式。但随着袁世凯的复辟,他开始公开批评共和制度,认为政党政治和议会政治缺乏道德支持,只会成为政客谋取私利的工具,与民意和人民福祉无关。

在对现代民主制度中的代议制度和政党政治进行审视时,康有为和他的论敌章太炎有着惊人的相似之处。他们都对在庞大国家中,少数代表能否真正代表数以万计的民众提出了质疑。康有为提出了一种结合中央集权和地方自治的方案,以期解决这一问题。

对于国家权力,康有为始终秉持建立一个统一且强大的国家是最为重要的。他主张,国家必须掌握财政、军队和外交的控制权,否则将难以应对新的国内外形势。与此同时,集中权力还有助于推动铁路、通信和教育等公共服务体系的建设,加强国家统一意识的确立。康有为在晚清时期深信,在缺乏国家能力的情况下,国民的民权和社会福利将无从谈起。然而,他反对中央政府对地方过度干预,认为这将抑制地方的积极性。因此,他主张通过"析疆增吏"的国家结构改革,即废除现有省级机构,改为更小规模的州、县,以扩大地方自治空间。同时,他提出从传统的宗族和团练等地方组织中发展出与官方机构不同的地方自治机构,用以培养国民的政治素质。此外,他主张设立跨区域、更专业化的官员来处理卫生、教育和民政事务。康有为认为,这种设计符合社会分工多样化的趋势,官员数量也应相应增加。总的来说,在康有为看来,地方自治和中央集权并非对立关系,而是可以相互促进、相辅相成的关系。

在构建新的国家治理秩序时,康有为认为必须充分考虑本国人民的思想观念、文化传统、道德规范和法律体系。由于世界各国现代化进程存在着时间和程度上的差异,所以先进国家制定的现代社会制度并不一定适用于后发国家。当然,制度的移植和模仿在一定程度上是必要的。在全球化的时代,各国之间存在着许多共同的公共事务,需要有一套共同的规则来处理。然而,在国内的秩序安排方面，盲目照搬别国的模式是否就是最佳选择，这值得深思。康有为提出的观点非常基础，他认为制度的运行必须建立在道德基础之上，而国人的道德观念只能从本国的文化传统中培养。因此，只有符合国人心理和风俗的制度才能真正有效，否则就会导致制度的变异和失效。可惜的是，他的观点常常被视为对旧制度的过度留恋，需要"最后的觉醒"。但从另一个角度，康有为的政治构想与建国策略，也可以说是儒家在面对新的国际格局和现代化问题时所呼出的一种回应。

显而易见的是，在康有为的思想中，许多独到见解被矛盾论述的海洋所淹没。然而，在后来中国的政治实践中，却可以常常在各种制度设计中发现康有为的影子，即使只是微弱的一抹。诚然，康有为的一些设想确实存在不切实际之处，比如将儒教确立为国教；但是他的思考无疑是超前的，比如如何保持中国的统一，如何处理中央集权和地方自治的关系，如何思考各民族之间的关系，这些仍然是当代政治家必须应对的棘手难题。

第三节　走向大同的政治理想

高慕柯说："中国的知识阶层不过是要维护中国在现代世界中的地位，为适应这一地位，拟对整个思想、政治、经济以及社会结构作全面的调整。"① 可以说，这也正是康有为所想要做的事情。萧公权教授曾在《康有为思想研究》中指出，康有为的变法计划的目的，并不仅仅是要在众多的国家当中增加一个强国，"而是要使一个落后的国家参与迈向世界和睦与人类幸福的大道"。在康有为的心目中，现代的中国应当是一个独立自主的国家，经由现代化而获得充分的财富和武力，使其能够保障自己在国际社会中享有应有的地位。同时，它还应当具有自己特殊的文化风格的立国基础。因此，康有为的这一立场与主张全盘西化、认为毫不保留地西化才是现代化的唯一途径、中国不必保留其原有文化的知识分子大不相同。

修中诚对康有为立场有着这样的评估："我们知道康有为不仅读过其他国家的历史，同时了解'中国不过是全世界的八十分之一'。而且，他把此事作为一个中国人的经验，他对所读到的事情既不会五体投地，也不觉得眼花缭乱。相反地，他的心智受到启发，可见之于他所写的文章之中，遨游于中外历史之间。他并不压抑外国历史以扬中国，也不一味崇扬西方。"

修中诚同时指出，康有为对于西方文明的两个方

---

① Michael Gasster, *Chinese Intellectuals and the Revolution of 1911: The Birth of Modern Chinese Radicalism*, University of Washington Press, 1970, p.248.

面——民主与工业——特别重视。他热烈要求采行，但不要抛弃中国的文化遗产。

也许是受到好像噩梦一般的死亡先辈的传统的笼罩①，使得对于康有为而言，中国的过去、现在和未来，这三者的意义显得同等重要。因此，在这一目的的实现路径上，为了减轻自己改革的阻力，康有为选择了依托儒学并对其进行改良。这就让康有为的改革有了更多的本土基础，同时，也为儒学的发展打开了新的出路。汪荣祖先生在《康章合论》中提出，"何以民国以后新兴的学术界竟视康、章为传统派人物呢？何以新一代的思想界竟视康、章为顽固保守派呢？也有缘故。民国以后，康、章确实由批判传统倾向维护传统。但此种转变，不能用'早年激烈，晚年保守'的公式来解释。他们早年批判传统，原无意要消灭传统；从传统中解放出来之后，仍须在传统的基础上创新；如果传统被消灭了，则创新的基础也没有了。然而民国以后新文化运动所激发的'全盘西化'风、激烈反传统主义，使整个传统遭遇

---

① 见于马克思：《路易·波拿巴政变记》，原文是："人们自己创造自己的历史。但他们这种创造工作并不是随心所欲，并不是在由他们自己选定的情况下进行的……一切死亡先辈的传统，好像噩梦一般，笼罩着活人的头脑。恰好在人们仿佛是一味从事于改造自己和周围事物并创造前所未闻的事物时，恰好在这样的革命危机时代，他们怯懦地运用魔法，求助于过去的亡灵，借用着它们的名字、战斗口号和服装，以便穿着这种古代的神圣服装，说着借来的语言，来演出世界历史的新场面。"

覆灭的危机，康、章乃不得已而维护传统。此所以康、章为新思路铺路于先，复又挺身为'拦路虎'于后的缘故，他俩成为五四新文化运动的反对者，就不足为异了。其实，康、章何尝反对新文化？"①也正因为此，萧公权教授将康有为的改革目标总结为："不是摧毁不完善的，而是努力以求完善；不是去攫取遥远的目标，而是尽量使现有的做得最好。"②

遗憾的是，即使是戊戌变法时期，改革派人士对康有为的支持更多的也是指向于他的政治改革方案而非方案背后的思想基础。因而，在得不到社会承认的时候，康有为便被戴上了"复辟派""保皇派""保守派"等帽子。然而，后来历史的发展至少在一定程度上证明，康有为所坚持的不是对传统文化简单的抛弃，而是通过训诂的方法对传统文化进行再解释，赋予其新的涵义，以实现其向近代化转型的理念，以及让他毁誉参半的那条稳健的社会改革道路，比起同时期的激进主义者，更加符合中国的国情。

有人说康有为的理想国基本上是以"汉族为中心的

---

① 汪荣祖：《康章合论》，联经出版事业公司1988年版，第117页。
② 萧公权：《康有为思想研究》，中国人民大学出版社2014年版，第120页。

大一统思想"①。他在构建此一思想时，不过是把传统的儒家天下观作了哲学的加工。也就是说，康有为具有大汉文化帝国主义之嫌。但仔细检视他的思想，实际上并非如此。在康有为看来，归于尘埃的将不仅仅是国家，即便是民族文化最终也难逃消失的命运。既然所有的人种最后都会混合为一，自然也不会再有中国人和外国人、本族人和外族人之分；既然大家都说同一种语言，所谓母语与父母之邦也就没有了存在的意义。中国的国粹儒学在近代中国要保存，但在新世界中亦无立足之地。事实上，康有为主张的不是国家主义或帝国主义，而是存在的世界主义。

当然，这并不是说康有为的乌托邦思想是完美的。但正如萧公权教授在《康有为思想研究》中所引用的刘易斯·芒福德（Lewis Mumford, 1895—1990）的说法，将乌托邦划分为"逃避的"（utopia of escape）和"重建的"（utopia of reconstruction）两种，后面一种是"有效"，而前面一种则无异于是白日做梦。②这样比较起来，康有为的"大同世界"可以算作一个"有效的乌托

---

① Mary Clabaugh Wright, *The Last Stand of Chinese Conservatism*: *The Tung-Chih Restoration*, *1862-1874*, Stanford University Press, 1957, p.233.
② 参见萧公权：《康有为思想研究》，中国人民大学出版社 2014 年版，第 388、451 页。

邦"了。而他的《大同书》甚至几乎是可以用于实践的指导纲领,然而,他却故意将其掩藏起来秘不示人,不愿堪布。

对此,梁启超表示难以理解:"自发明一种新理想,自认为至善至美,然不愿其实现,且竭全力以抗之遏之;人类秉性之奇诡,度无以过是者。"①

对于梁启超这段颇有调侃康有为意味的评价,朱维铮教授认为,这段话同时犯了三个判断错误:第一个判断错误便是历史的。朱教授认为,对平等的要求绝非一种"新理想",而是在封建时期,无数个世代的被压迫者和憎恶世袭特权者的共有憧憬。纵览中国的农民运动史便可以发现一连串的历史实景:汉末黄巾大起义便是以"黄天太平"为口号;唐末的王仙芝自称为"天补平均大将军"、黄巢自称为"冲天太保均平大将军";北宋初年,王小波、李顺起义提出了"吾疾贫富不均,今为汝均之";北宋末年方腊起义,以"是法平等,无有高下"为旗帜;元末农民大起义喊出了"天遣魔军杀不平,不平人杀不平人。不平又杀不平者,杀尽不平方太平"的口号;明末李自成起义提出了"割富济贫""均田免赋"的口号;太平天国更是直接提出了天朝田亩制度。

---

① 《梁启超论清学史二种》,朱维铮校注,复旦大学出版社1985年版,第67页。

第二个判断错误是哲学的。希冀于设计一个"至善至美"的未来社会，却又对这种使人类得以从贫富不均之"苦"中解脱出来的设计，可能会引起穷人反对富人、无权者反对特权者的暴乱而心存忌惮，这样的矛盾绝非康有为所独有的古怪哲学。无论是16世纪英吉利王国的大法官托马斯·莫尔（St. Thomas More, 1478—1535）所设计的"乌托邦"，还是19世纪初傅里叶（Fourier, 1768—1830）在大革命后的法国设计的"未来和谐社会"，若要问询这些来自西方的空想社会主义前辈们是怎样一个又一个地陷入这种理论和实践的二律背反，只需要细观傅里叶是如何把他的"精确科学"作为"试验一种防止密谋的新发明"推荐给法国国王路易·菲利普（Louis-Philippe de France, 1773—1850）的这一例证①，就已经足以说明问题了。

　　至于第三个判断错误则是心态上的。害怕社会和平会被激烈的社会变革所破坏，而宁愿将他们的社会改造的理想的实现，诉诸"开明专制"、"才能贵族"或者"神

---

① 法国著名的空想社会主义者傅里叶，即《大同书》所提到的"傅氏"，在其著的《伪造的、讨厌的、虚假的工业和它的抗毒素即自然的、统一的工业》一书中，便曾针对1835年在巴黎发生的谋杀君主案，向当时的法国国王路易·菲利普建议试验一种防止密谋的新发明，"以便造成普遍的幸福和良好的道德"。这发明不是别的，就是傅里叶本人的乌托邦体系。由此人们很自然地联想及康有为对待光绪皇帝的态度。看来空想社会主义者陷入保皇论，康有为绝非第一人，也绝非中国独有。

权政治"的,只是空想社会主义者中患有革命或者战争恐惧症的那一部分思想家。当然,欧洲近代的空想社会主义者,一般都是和平主义者,比如,19世纪法国的傅里叶、圣西门(Rouvroy,1760—1825),还有他们的后继者们,都憎恶阶级斗争,向往通过和平的道路来实现他们的理想。也正如同普列汉诺夫(Plekhanov,1856—1918)所说的"他们拒绝革命的行动方式,并且不理政治"①。即使是19世纪法国最激烈的空想社会主义者卡贝(Cabet,1788—1856),在其著名的《伊加利亚旅行记》中,也用下列词句表达了他对战争的憎恶:"如果革命掌握在我的手里,那么即使我会死于流放,我也要掐住它绝不松手。"相比较其他的西方先行者,康有为对于革命和战争的态度倒堪称是温和的。这种对革命的拒绝甚至不能称作乌托邦论者的通病,更遑论可作为"人类秉性之奇诡"的表征?但梁启超有一点嘲讽得不错,即这位"南海圣人"同他的先辈相形,更像一名言语的巨人、行动的侏儒,他甚至不敢让他的门徒透露自己有这样一种理想。

诚如朱维铮教授所言,梁启超对于康有为的这些指摘确有不少偏颇之处。然而,若是从不同的角度来审视

---

① [俄]普列汉诺夫等:《论空想社会主义》上卷,商务印书馆1980年版,第47页。

康有为的这一矛盾,也许能够对他的"大同世界"有一个更为全面的认识:首先,正如张泰苏教授所指出的,在古代中国的社会结构当中确实同时存在有一种政治和宗法上的不平等与经济上的相对平等并行不悖的情况。因此,仅仅凭借长久以来盛行的"东方专制主义"这种"一刀切"的理解方式,并不能够很好地解读当时中国所存在的复杂的社会情况。至于朱维铮教授指出的理论与实践的二律背反,根据冯亚东教授提出的平等三法则,也许恰是因为在平等的实现过程中,确是需要一个高高在上的权威存在方能实现。

对于康有为的这种矛盾,汪荣祖教授认为,事实上,康有为"不愿其实现",非不愿也,实不能也。究其原因,只在于康有为认为时机尚不成熟。尽管这样的矛盾会给人以一种"空想"与"内在矛盾""双重色彩"的感觉,[①]但康有为作为一名筑造乌托邦的作者,其所表现出来的谨慎,显然与众多其他近代作者有异,甚至可以说是"一个高贵的例外"[②]。更加例外的是,康有为所寄望的大同乌托邦在于未来,是需要经过长期自然而然的和平演进而成的,而不是依靠强力推进而成的。

---

① 参见李泽厚:《中国近代思想史论》,人民出版社1979年版,第142、146页。
② 萧公权:《康有为思想研究》,中国人民大学出版社2014年版,第448页。

第四章 康有为的"未来中国"

　　诚然，康有为的改革仍是过于乐观的，对于社会问题的复杂性，他仍缺少必要的注意。正如萧公权教授所说的："康有为的乐观使他不能理解到世界上并无完美的制度，因为制作的人类原非完美。"① 既然无法去除人类的缺点，终有缺点的制度，也终会有痛苦。② 人们会永远不断地去设法消除缺失。

　　不过不能否认的是，康有为作为一名改革者和理想主义者，自始至终致力于免除人类痛苦的这一愿景着实有着特别的意义。正像留华多年的美国教育家兼外交家司徒雷登（Leighton Stuart，1876—1962）在 1950 年代初曾说的："在一个以理性、正义与国际友好为基础的新世界秩序之下，中国会作极大的贡献……保全中国的国家自由与民族文化和整个太平洋地区的和平，以及全人类的福祉，是不可分的。"司徒雷登的话支援了康有为创造现代中国的努力。

　　著名的德国汉学家福兰阁（Franke，1863—1946）也曾表示，"虽然儒家所教导的世界和谐与和平将是遥远的美梦……但是我们不应丧失更高更好目标的信念。因为没有信念，我们的努力便没有目标，这个世界的历史也没有意义。"福兰阁说这段话时也不可能见过《大

---

① 摩尔曾说："当人类完美时，所有的事情才有可能完美。"
② Günter Grass, *Local Anaesthetic*, Houghton Miffin Press, 1989, p.86.

同书》手稿。不过假如他见到此书，也许会赞美其作者，独自努力为人类建一目标，为历史赋予意义。

结语

梁启超曾在光绪二十七年（1901年）写就了《南海康先生传》一文。文中虽不吝对乃师的吹捧赞誉之辞，但关涉康有为在当时的思想，任公也作出了入木三分的评价。比如对于康有为的"变法"理论，梁启超就指出，"先生之学，以历史为根柢。其外貌似急进派，其精神实渐进派也"[①]。此一言无疑道出了康有为"变法"的实质。康有为的"变法"理论始终遵循着"渐进"二字。然"渐进"者，言其前提首先在"进"，再言其要旨则在于"渐"。

康有为在后世常被冠以"保皇派"之名。若仅就其行为而论，这一评价倒也无可厚非。但若因此而称其为

---

① 梁启超：《南海康先生传》，载中国史学会主编：《戊戌变法》第四册，上海人民出版社1953年版，第7页。

"守旧派",认为其开历史的倒车,却着实有些不公。细研康有为的论著便会发现,康有为从不敌视共和,反而坚定地相信共和制才是"大道",才是国家未来的发展方向。君主立宪制不过是国家处于"升平世"时所采用的一种过渡性的政体。其理论中所蕴含的社会进化论的底色决定了在康有为的设计蓝图中,中国不会也不能仅仅停留在君主立宪制这一过渡性的政体之上。因而,在论及其"变法"理论时,首先当明晓的是,康有为的"变法"实在于"进"而不在于"停",更不在于"退"。"中国数千年学术之大体,大抵皆取保守主义,以为文明世界,在于古时,日趋而日下。先生独发明《春秋》三世之义,以为文明世界,在于他日,日进而日盛,盖中国自创意言进化学者,以此为嚆矢矣。"[1]

继而再言"渐"者,则是康有为"变法"理论的要旨。

正如费正清(1907—1991)先生所说:"一种主要的、占统治地位的文明突然发现,自己在世界上已经处于次要地位,这是一个始终困扰着现代中国的问题。由于根深蒂固的中国方式的巨大惰性,人们难于接受外来的'现代'方式。外与内的对抗问题当时就引起了许多

---

[1] 梁启超:《南海康先生传》,载中国史学会主编:《戊戌变法》第四册,上海人民出版社1953年版,第7页。

人的注意,现在也仍旧是一个令无数学者头疼的、难以界说和分析的问题。"① 这一难题,同样也是康有为难以回避的。

从总体上来看,身临文明转换的激动人心的历史时期,康有为一边直面近代化与固有文化、西方文明和日本文明、思想革命与传统复兴等的内在矛盾,一边不断地丰富和发展自身的文化思想体系,经历着难以言说的自我否定和精神炼狱的苦难形成。

考察康有为各个时期的思想,可以发现,在他的思想深处,有一种构想一以贯之,并被称为康有为改革思想的原点:在康有为看来,如果积极引进西方的政治社会制度,则必然会面临这样一个重大的问题——究竟应该怎样妥善处理西方近代文明与中国传统制度之间的关系。并且这种"妥善处理"还需兼顾中国传统制度背后的传统社会规范,为此康有为致力于寻觅即便是在非西方社会也通用的人类普遍价值,致力于保存民族文化中超越时空的价值要素,并通过近代精神对之进行重构或再解释。

---

① 费正清主编:《剑桥中华民国史》第一部,上海人民出版社1991年版,第1页。

面对这样的"中西之交"与"古今之异"①,康有为在摄取西方和日本近代思想时,并非全盘西化、照搬照抄,而是在中国传统思想的平台上对之进行再解释,赋予其新的含义使之更适于中国固有的精神风土。在这一转换过程中,康有为对近代西方文明的民主、平等、进步等概念及其历史发展轨迹,是缺乏内在的理解深度的,而且也时时暴露出将之与中国传统思想等量齐观的价值取向。尽管如此,康有为积极"会通",融合西学、中学乃至日本东学,致力于打造横贯东西、包容一切的思想。这种努力,从某种意义上而言,已经超越了其个人的思想创造,它更代表着古老的东亚文明在新的历史背景下,对西方近代文明的一种积极回应。特别值得一提的是,康有为提出的对中国传统制度进行全面改革的思想及其对中国固有价值观的反省,激发了中国晚清青年一代知识分子的批判精神,构成时代之最强音。

康有为提示了这样一条改革之路——通过渐进的方式实现文化传统的重建。康有为揭示的东亚文明向近代转型之路,对具有相似发展背景和相近价值取向的亚洲

---

① "在世界史的近代阶段,西方比东方先走了一步,先东方而近代化了。在中国近代史中,所谓中西之分(交),实际上是古今之异。以中学为主,对西学进行格义,实际上是以古释今;以西学为主,对中学进行格义,实际上是以今释古。"参见冯友兰:《中国哲学史新编》第六册,人民出版社1989年版,第155页。

诸多发展中国家来说，具有重要的借鉴意义，同时也展现了世界近代文明发展的多样性。在近代这样一个急剧变动的历史时代，重新评价日趋消亡的固有文明的价值，并将之确认、提升为支撑民族生存的不可或缺的文明要素，构成世界近代思想发展史上的一支重要的思想谱系，在这一思想谱系之中，康有为是一位具有代表性的存在。

19世纪末至20世纪初，康有为全身心致力于近代国家的创出，在政治、法律、经济、哲学、宗教、教育等各个领域全面展示其独创的思想。在传统与近代相互碰撞中形成的康有为这份思想对当代中国来说也依然具有参考意义。

参考文献

一、中文文献

（一）康有为论著部分

1. 周振甫、方渊校点：《大同书》，中华书局1956年版。

2. 汤志钧编：《康有为政论集》，中华书局1981年版。

3. 楼宇烈整理：《论语注》，中华书局1984年版。

4. 楼宇烈整理：《孟子微·礼运注·中庸注》，中华书局1987年版。

5. 楼宇烈整理：《康子内外篇（外六种）》，中华书局1988年版。

6. 楼宇烈整理：《长兴学记·桂学答问·万木草堂口说》，中华书局1988年版。

7. 楼宇烈整理：《春秋董氏学》，中华书局1990年版。

8. 楼宇烈整理：《诸天讲》，中华书局 1990 年版。

9. 楼宇烈整理：《康南海自编年谱（外二种）》，中华书局 1992 年版。

10. 朱维铮编校：《中国现代学术经典·康有为卷》，河北教育出版社 1996 年版。

11. 崔尔平校注：《广艺舟双楫注》，上海书画出版社 2006 年版。

12. 姜义华、张荣华编校：《康有为全集》，中国人民大学出版社 2007 年版。

13. 张荣华编校：《康有为往来书信集》，中国人民大学出版社 2012 年版。

14. 朱维铮编校：《康有为大同论二种》，中西书局 2012 年版。

15. 朱维铮、廖梅编校：《新学伪经考》，中西书局 2012 年版。

（二）古籍与古籍整理本

1. （汉）司马迁：《史记》。

2. （汉）班固：《汉书》。

3. （汉）何休：《春秋公羊经传解诂》。

4. （宋）张载：《张载集》。

5. （宋）朱熹：《四书章句集注》。

6. （明）高拱：《春秋正旨》。

7. （清）庄存与：《春秋正辞》，《皇清经解》本。

8. （清）孔广森：《春秋公羊经传通义》。

9. （清）刘逢禄：《刘逢禄集》，《续修四库全书》本。

10. （清）刘逢禄：《春秋公羊经何氏释例》。

11. （清）陈立：《公羊义疏》，《四部丛刊》本。

12. （清）陈立：《白虎通疏证》。

13. （清）侯康：《春秋古经说》，《皇清经解续编》本。

14. （清）朱彬：《礼记训纂》。

15. （清）魏源：《魏源集》。

16. （清）龚自珍：《龚自珍全集》。

17. （清）朱次琦：《朱九江先生集》，《续修四库全书》本。

18. （清）赵在翰：《七纬附论语谶》。

19. （清）苏舆：《春秋繁露义证》。

20. （清）王闿运：《论语训·春秋公羊传注》。

21. （清）段玉裁：《说文解字注》。

22. （清）郝懿行：《尔雅义疏》，收入《汉小学四种》。

23. （清）钱绎：《方言笺疏》，收入《汉小学四种》。

24. （清）王先谦：《释名疏证补》，收入《汉小学四种》。

25. 杨伯峻：《孟子译注》，中华书局1960年版。

26. 杨伯峻：《论语译注》，中华书局 1980 年版。

27. 梁启雄：《荀子简释》，中华书局 1983 年版。

28. 向宗鲁：《说苑校证》，中华书局 1987 年版。

29. 夏田蓝编：《龚定庵全集类编》，中国书店出版社 1991 年版。

30. 成林、程章灿：《西京杂记全译》，贵州人民出版社 1993 年版。

31. 中国科学院图书馆整理：《续修四库全书总目提要·经部》，中华书局 1993 年版。

32. 四库全书研究所整理：《钦定四库全书总目》，中华书局 1997 年版。

33. 赵尔巽等：《清史稿》，中华书局 1998 年版。

34. 李学勤主编：《十三经注疏·尚书正义》，北京大学出版社 1999 年版。

35. 李学勤主编：《十三经注疏·礼记正义》，北京大学出版社 1999 年版。

36. 李学勤主编：《十三经注疏·春秋左传正义》，北京大学出版社 1999 年版。

37. 李学勤主编：《十三经注疏·春秋公羊传注疏》，北京大学出版社 1999 年版。

38. 李学勤主编：《十三经注疏·周易正义》，北京大学出版社 1999 年版。

39. 王文锦：《礼记译解》，中华书局2001年版。

40. 袁长江主编：《董仲舒集》，学苑出版社2003年版。

41. 徐洪兴：《孟子直解》，复旦大学出版社2004年版。

42. 钟肇鹏主编：《春秋繁露校证（校补本）》，河北大学出版社2005年版。

43. 吕友仁、吕咏梅：《礼记全译·孝经全译（修订版）》，贵州人民出版社2009年版。

44. 孙钦善：《论语本解》，生活·读书·新知三联书店2009年版。

45. 刘尚慈：《春秋公羊传译注》，中华书局2010年版。

46. 张双棣：《淮南子校释（增订本）》，北京大学出版社2013年版。

（三）经学史、学术史相关文献

1. 符定一：《〈新学伪经考〉驳谊》，商务印书馆1937年版。

2. 朱维铮编校：《梁启超清学史论二种》，复旦大学出版社1985年版。

3. 李耀仙主编：《廖平选集》，巴蜀书社1997年版。

4. 钱穆：《国学概论》，商务印书馆1997年版。

5. 钱穆:《两汉经学今古文平议》,商务印书馆 1997 年版。

6. 钱穆:《中国近三百年学术史》,商务印书馆 1997 年版。

7. 钱玄同:《钱玄同文集》第四卷,中国人民大学出版社 1999 年版。

8. 苏舆编:《翼教丛编》,上海书店出版社 2002 年版。

9. 戴维:《春秋学史》,湖南教育出版社 2004 年版。

10. 赵伯雄:《春秋学史》,山东教育出版社 2004 年版。

11. 周予同注释:《经学历史》,中华书局 2004 年版。

12. 许道勋、徐洪兴:《中国经学史》,上海人民出版社 2006 年版。

13. 王锦民:《古学经子——十一朝学术史述林》,华夏出版社 2008 年版。

14. 黄锦君选编:《刘师培儒学论集》,四川大学出版社 2010 年版。

15. 蒋伯潜:《十三经概论》,上海古籍出版社 2010 年版。

16. 潘斌选编：《皮锡瑞儒学论集》，四川大学出版社2010年版。

17. 朱维铮编校：《周予同经学史论》，上海人民出版社2010年版。

18. 陈其泰：《清代公羊学（增订本）》，上海人民出版社2011年版。

19. 梁启超著，夏晓虹、陆胤校：《中国近三百年学术史（新校本）》，商务印书馆2011年版。

20. 钱穆：《八十忆双亲 师友杂忆合刊》，九州出版社2011年版。

21. 王小红选编：《章太炎儒学论集》，四川大学出版社2011年版。

22. 曾军编著：《经学档案》，武汉大学出版社2011年版。

23. 陈祖武：《清代学术源流》，北京师范大学出版社2012年版。

24. 李妙根编，朱维铮校：《刘师培辛亥前文选》，中西书局2012年版。

25. 叶德辉：《觉迷要录》，载曾亦、唐文明主编：《思想史研究》第九辑，上海人民出版社2012年版。

26. 郑振铎：《晚清文选》，中国人民大学出版社2012年版。

27. 章炳麟著，朱维铮编校：《訄书 初刻本 重订本》，中西书局 2012 年版。

28. 朱维铮主编：《中国经学史基本丛书》，上海书店出版社 2012 年版。

（四）研究文献

1. 汤志钧：《戊戌变法史论丛》，湖北人民出版社 1957 年版。

2. 国家档案局明清档案馆编：《戊戌变法档案史料》，中华书局 1958 年版。

3. 阮芝生：《从公羊学论〈春秋〉的性质》，（台北）精华印书馆 1969 年版。

4. 李新、孙思白主编：《中华民国史资料丛稿·民国人物传》第二卷，中华书局 1980 年版。

5. 中国第二历史档案馆编：《中华民国史档案资料汇编》第二辑，江苏人民出版社 1981 年版。

6. 汤志钧：《戊戌变法人物传稿》，中华书局 1982 年版。

7. 汤志钧：《康有为与戊戌变法》，中华书局 1984 年版。

8. 孙春：《清末的公羊思想》，台湾商务印书馆 1985 年版。

9. 钟贤培：《康有为思想研究》，广东高等教育出版社1988年版。

  10. 杨向奎：《繙经室学术文集》，齐鲁书社1989年版。

  11. 中国第二历史档案馆编：《中华民国史档案资料汇编》第三辑，江苏古籍出版社1991年版。

  12. 董士伟：《康有为评传》，百花洲文艺出版社1994年版。

  13. 汤志钧：《西汉经学与政治》，上海古籍出版社1994年版。

  14. 蒋庆：《公羊学引论——儒家的政治智慧与历史信仰》，辽宁教育出版社1995年版。

  15. 申松欣：《康有为梁启超思想研究》，河南美术出版社1996年版。

  16. 张岱年：《张岱年全集》第二集，河北人民出版社1996年版。

  17. 张岱年：《张岱年全集》第四集，河北人民出版社1996年版。

  18. 臧世俊：《康有为大同思想研究》，广东高等教育出版社1997年版。

  19. 黄朴民：《何休评传》，南京大学出版社1998年版。

  20. 刘善章、刘忠世编：《康有为研究论集》，青岛出版社 1998 年版。

21. 刘志琴：《近代中国社会文化史变迁录》，浙江人民出版社 1998 年版。

22. 马洪林：《康有为评传》，南京大学出版社 1998 年版。

23. 周策纵：《五四运动：现代中国的思想革命》，江苏人民出版社 1999 年版。

24. 顾颉刚：《古史辨自序》，河北教育出版社 2000 年版。

25. 王博：《简帛思想文献论集》，台湾古籍出版有限公司 2001 年版。

26. 张汝伦：《现代中国思想研究》，上海人民出版社 2001 年版。

27. 丁亚杰：《清末民初公羊学研究——皮锡瑞、廖平、康有为》，（台北）万卷楼图书有限公司 2002 年版。

28. 段熙仲：《春秋公羊学讲疏》，南京师范大学出版社 2002 年版。

29. 顾潮编：《顾颉刚学记》，生活·读书·新知三联书店 2002 年版。

30. 蒋庆：《政治儒学：当代儒学的转向、特质与发展》，生活·读书·新知三联书店 2003 年版。

31. 汤志钧：《戊戌变法史》，上海社会科学院出版社 2003 年版。

32. 童书业：《春秋史》，上海古籍出版社 2003 年版。

33. 王尔敏：《中国近代思想史论》，社会科学文献出版社 2003 年版。

34. 余治平：《唯天为大——建基于信念本体的董仲舒哲学研究》，商务印书馆 2003 年版。

35. 汪晖：《现代中国思想的兴起》，生活·读书·新知三联书店 2004 年版。

36. 郭湛波：《近五十年中国思想史》，上海古籍出版社 2005 年版。

37. 茅海建：《戊戌变法史事考初集》，生活·读书·新知三联书店 2005 年版。

38. 王尔敏：《晚清政治思想史论》，广西师范大学出版社 2005 年版。

39. 徐复观：《徐复观论经学史二种》，上海书店 2005 年版。

40. ［美］萧公权：《中国政治思想史》，新星出版社 2005 年版。

41. 郑师渠：《思潮与学派——中国近代思想文化研究》，北京师范大学出版社 2005 年版。

42. 干春松：《制度儒学》，上海人民出版社 2006

年版。

43. 汪荣祖:《康有为论》,中华书局 2006 年版。

44. 汪荣祖:《学人丛说》,中华书局 2006 年版。

45. 汪荣祖:《康章合论》,中华书局 2006 年版。

46. 张灏:《危机中的中国知识分子》,新星出版社 2006 年版。

47. 张灏:《幽暗意识与民主传统》,新星出版社 2006 年版。

48. 张灏:《烈士精神与批判意识》,新星出版社 2006 年版。

49. 干春松:《儒家、儒教与中国制度资源》,江西人民出版社 2007 年版。

50. 黄彰健:《戊戌变法史研究》,上海书店 2007 年版。

51. [美]萧公权:《近代中国与新世界:康有为变法与大同思想研究》,汪荣祖译,江苏人民出版社 2007 年版。

52. 杨树达:《春秋大义述》,上海古籍出版社 2007 年版。

53. 张朋园:《立宪派与辛亥革命》,吉林出版集团有限公司 2007 年版。

54. 张朋园:《梁启超与清季革命》,吉林出版集团有限公司2007年版。

55.张朋园:《梁启超与民国政治》,吉林出版集团有限公司2007年版。

56.周锡瑞:《改良与革命——辛亥革命在两湖》,江苏人民出版社2007年版。

57.黄开国:《清代今文经学的兴起》,巴蜀书社2008年版。

58.姜义华:《现代性:中国重撰》,北京师范大学出版社2008年版。

59.孙钦善:《中国古文献学史简编》,北京大学出版社2008年版。

60.[德]瓦格纳:《王弼〈老子注〉研究》,杨立华译,江苏人民出版社2008年版。

61.汪荣祖:《晚清变法思想论丛》,新星出版社2008年版。

62.吴龙川:《刘逢禄〈公羊〉学研究》,(台北)花木兰文化出版社2008年版。

63.周桂钿:《董学探微》,北京师范大学出版社2008年版。

64.蔡方鹿主编:《经学与中国哲学》,华东师范大学出版社2009年版。

65.洪镒昌:《康有为〈孟子微〉研究》,(台北)花木兰文化出版社2009年版。

66.陆宝千:《清代思想史》,华东师范大学出版社2009年版。

67.茅海建:《从甲午到戊戌——康有为〈我史〉鉴注》,生活·读书·新知三联书店2009年版。

68.平飞:《经典解释与文化创新——〈公羊传〉"以义解经"探微》,人民出版社2009年版。

69.夏晓虹编:《追忆康有为(修订本)》,生活·读书·新知三联书店2009年版。

70.夏晓虹编:《追忆梁启超(修订本)》,生活·读书·新知三联书店2009年版。

71.[美]约瑟夫·列文森:《儒教中国及其现代命运》,郑大华、任菁译,广西师范大学出版社2009年版。

72.[美]桂思卓:《从编年史到经典——董仲舒的春秋诠释学》,朱腾译,中国政法大学出版社2010年版。

73.黄开国:《儒学与经学探微》,巴蜀书社2010年版。

74.来新夏:《近三百年人物年谱知见录(增订本)》,中华书局2010年版。

75.刘家和:《愚庵论史——刘家和自选集》,首都师范大学出版社2010年版。

76.宋艳萍:《公羊学与汉代社会》,学苑出版社

2010年版。

77. 王中江：《进化主义在中国的兴起——一个新的全能式世界观（增补版）》，中国人民大学出版社2010年版。

78. 曾亦：《共和与君主：康有为晚期政治思想研究》，上海人民出版社2010年版。

79. 陈来：《回向传统——儒学的哲思》，北京师范大学出版社2011年版。

80. 郭齐勇：《中华人文精神的重建——以中国哲学为中心的思考》，北京师范大学出版社2011年版。

81. 蒋维乔：《中国近三百年哲学史》，岳麓书社2011年版。

82. 李宗桂：《传统与现代之间：中国文化现代化的哲学省思》，北京师范大学出版社2011年版。

83. 茅海建：《戊戌变法史事考二集》，生活·读书·新知三联书店2011年版。

84. 汪学群：《中国儒学史·清代卷》，北京大学出版社2011年版。

85. 张耀南：《中国儒学史·近代卷》，北京大学出版社2011年版。

86. 朱忆天：《康有为的改革思想与明治日本》，上海人民出版社2011年版。

87. ［日］佐藤慎一:《近代中国的知识分子与文明》,刘岳兵译,江苏人民出版社2011年版。

88. 陈苏镇:《〈春秋〉与"汉道"——两汉政治与政治文化研究》,中华书局2012年版。

89. 干春松:《制度化儒家及其解体（修订版）》,中国人民大学出版社2012年版。

90. 贺麟:《五十年来的中国哲学》,上海人民出版社2012年版。

91. 唐文明:《敷教在宽：康有为孔教思想申论》,中国人民大学出版社2012年版。

92. 李泽厚:《中国近代思想史论》,生活·读书·新知三联书店2012年版。

93. 汪高鑫:《董仲舒与汉代历史思想研究》,商务印书馆2012年版。

94. 赵立人:《康有为》,广东人民出版社2012年版。

95. 常超:《"托古改制"与"三世进化"——康有为公羊学思想研究》,北京大学出版社2015年版。

96. 干春松:《保教立国——康有为的现代方略》,生活·读书·新知三联书店2015年版。

（五）年谱

1. （清）简朝亮:《朱九江先生年谱》,《朱九江先生集》附,《续修四库全书》本。

2. 赵丰田:《康长素先生年谱稿》,《史学年报》1934 年第 2 卷第 1 期。

3. 杨克己:《民国康长素先生有为 梁任公先生启超师生合谱》,(台北)商务印书馆 1982 年版。

4. 吴天任:《康有为先生年谱》,(台北)艺文印书馆 1994 年版。

5. 赵丰田著,欧阳哲生整理:《梁任公先生年谱长编(初稿)》,中华书局 2010 年版。

6. 房德邻:《儒学的危机与嬗变:康有为与近代儒学》,(台北)文津出版社 1992 年版。

(六)学位论文

1. 丁亚杰:《康有为经学述评》,台湾中央大学中文系硕士学位论文,1992 年 5 月。

2. 陈文豪:《廖平经学思想研究》,台湾政治大学中文系硕士学位论文,1992 年 6 月。

3. 王妙如:《康有为公羊学思想研究》,台湾淡江大学中文系硕士学位论文,1996 年 6 月。

4. 赵璐:《近代中国的进化论与社会历史观研究》,西北大学历史系硕士学位论文,2002 年 5 月。

5. 李演都:《康有为"大同"思想研究——以〈大同书〉为中心》,北京大学哲学系博士学位论文,2004 年

12月。

6.李喆:《〈大同书〉与传统儒家之关系——兼论康有为在儒学史上的地位与意义》,北京大学哲学系硕士学位论文,2005年6月。

7.李强华:《康有为人道主义思想研究》,华东师范大学哲学系博士学位论文,2006年11月。

8.李想:《康有为对今文经学的利用与改造》,四川师范大学政治教育学院硕士学位论文,2009年3月。

9.成庆:《晚清的历史意识与乌托邦意识——从变法到革命(1883—1910)》,华东师范大学历史学系博士学位论文,2011年5月。

(七)期刊论文

1.黄开国:《廖平经学第一变的思想准备》,《重庆师院学报(哲学社会科学版)》1985年第3期。

2.黄开国:《廖康羊城之会与康有为经学思想的转变》,《社会科学研究》1986年第4期。

3.黄开国:《评康有为与廖平的思想纠葛》,《社会科学辑刊》1990年第5期。

4.黄开国:《廖平〈知圣篇〉考辨》,《四川师范大学学报(社会科学版)》1990年第6期。

5.杨向奎:《论"公羊学派"》,《管子学刊》1991年第4期。

6. 除金川:《试析康有为的"托古改制"——兼论作为思想武器的近代经学》,《广东社会科学》1992年第1期。

7. 龚书铎:《晚清的儒学》,《北京师范大学学报(社会科学版)》1992年第5期。

8. 李文义:《康有为经世思想及其特点》,《齐鲁学刊》1992年第6期。

9. 葛志毅:《两汉经学与今文章句》,《学习与探索》1993年第5期。

10. 桑咸之:《戊戌维新思潮渊源初探》,《中国人民大学学报》1994年第2期。

11. 郑师渠:《梁启超与今文经学》,《中州学刊》1994年第4期。

12. 丁原明:《清代今文经学浅论》,《山东社会科学(双月刊)》1995年第6期。

13. 陶清:《康有为经学思想的意义阐释》,《中国文化研究》1995年第3期。

14. 杨向奎:《清末李军:论清代今文经学的创立复兴及其思想特点》,《管子学刊》1998年第2期。

15. 杨向奎:《清末今文经学三大师对〈春秋〉经传的议论得失》,《管子学刊》1997年第2期。

16. 周国栋:《论梁启超向清学正统派的复归》,《文史哲》2000年第4期。

17. 梁宗华:《论康有为公羊学及对儒学发展的意义》,《宁夏党校学报》2001年第1期。

18. 刘巍:《〈刘向歆父子年谱〉的学术背景与初始反响》,《历史研究》2001年第3期。

19. 徐立新:《钱玄同:最后的经学及其历史转变》,《学海》2001年3月。

20. 唐明贵:《康有为对传统儒家经典的新阐释》,《聊城大学学报(哲学社会科学版)》2002年第1期。

21. 汤仁泽:《清代今文经学诸问题——兼论庄存与和今文学派》,《学术月刊》2002年第2期。

22. 刘福贵:《钱玄同早年经学思想述论》,《中国社会科学院研究生学报》2002年第6期。

23. 欧阳恩良:《晚清今文经学的嬗变》,《云梦学刊》2003年第2期。

24. 唐明贵:《康有为的古经新解与经学的近代转型》,《孔子研究》2003年第6期。

25. 张忠利:《清代今文经学与维新运动》,《社会科学战线》2003年第1期。

26. 赵璐:《论康有为的进化思想及社会历史观》,《西安电子科技大学学报(社会科学版)》2003年第4期。

27. 丁亚杰:《〈翼教丛编〉的经典观》,《湖南大学学报（社会科学版）》2004年第4期。

28. 孙占元：《晚清学术与经世思潮》，《理论学刊》2004年第3期。

29. 程潮：《晚清广东学者的经学研究探析》，《现代哲学》2005年第2期。

30. 刘巍：《〈教学通义〉与康有为的早期经学路向及其转向——兼及康有为与廖平的学术纠葛》，《历史研究》2005年第4期。

31. 路新生：《"经""史"互动：章太炎的经学研究及其现代史学意义》，《天津社会科学》2006年第5期。

32. 彭平一、申永富：《廖平经学思想研究述评》，《安徽大学学报（哲学社会科学版）》2007年第4期。

33. 喻大华：《晚清文化保守思想家与近代儒学的新陈代谢》，《烟台大学学报（哲学社会科学版）》2007年第3期。

34. 孔庆茂：《论晚清今文派制义》，《南京师大学报（社会科学版）》2008年第6期。

35. 李可亭：《钱玄同对康有为经学思想的承继与超越》，《北方论丛》2008年第2期。

36. 罗利璋：《皮锡瑞维新变法思想新论》，《西南交通大学学报（社会科学版）》2008年第2期。

37. 邱志诚：《〈尚书〉辨伪与清今文经学——〈尚书〉

辨伪与清今文经学及近代疑古思潮研究（上）》，《中南大学学报（社会科学版）》2008 年第 2 期。

38. 马永康：《康有为与"公理"》，《中山大学学报（社会科学版）》2009 年第 3 期。

39. 苏全有、王申：《康有为剽窃廖平说质疑》，《信阳师范学院学报（哲学社会科学版）》2009 年第 3 期。

40. 谭坤：《论清代常州今文经学与文学的交融对人文精神的影响》，《常州工学院学报（社科版）》2009 年第 4 期。

41. 曾亦、陈雯雯：《刘逢禄论〈左氏〉之得失与晚清今古学之争》，《复旦学报（社会科学版）》2009 年第 1 期。

42. 黄开国、唐赤蓉：《〈教学通义〉中所杂糅的康有为后来的经学思想》，《近代史研究》2010 年第 1 期。

43. 姜广辉、李有梁：《苏舆：晚清平实说理的公羊学家——以〈春秋繁露义证〉的诠释风格为例》，《湖南大学学报（社会科学版）》2010 年第 3 期。

44. 李帆：《刘师培对康有为变法理论的经学驳难》，《晋阳学刊》2010 年第 4 期。

45. 王明德：《试论康有为的学术传承》，《深圳大学学报（人文社会科学版）》2010 年第 1 期。

46. 王振：《晚清今文经学对朱子学经典体系的冲

击》,《山东省农业管理干部学院学报》2010年第6期。

47. 柏友进:《"考据学"中之陆王与近代心学重建》,《钦州学院学报》2011年第2期。

48. 江轶、胡悦晗:《"我注六经"与"援西入儒"——康有为〈论语注〉思想辨析》,《长江论坛》2011年第2期。

49. 李帆:《"夷夏之辨"之解说传统的延续与更新——以康有为、刘师培对〈春秋繁露〉两事的不同解读为例》,《近代史研究》2011年第6期。

50. 魏义霞:《孟子在康有为视界中的身份归属、传承谱系与近代命运》,《燕山大学学报(哲学社会科学版)》2011年第4期。

51. 马良玉:《晚清今文经学与经世学风》,《中国城市经济》2012年第2期。

二、外文文献

1. *Ta Tung Shu: The One-world Philosophy of K'ang Yu-wei.* Trans, Laurence G. Thompson, London, UK: George Allen and Unwin, 1958.

2. *A Source Book In Chinese Philosophy*, translated and compiled by Wing-Tsit CHAN, Princeton, New Jersey: Princeton University

Press, 1963.

3.*The Introduction of Socialism into China*, by Yu-ning Li, New York: Columbia University Press, 1971.

4.*A Modern China and a New World: K'ang Yu-wei, Reformer and Utopian, 1858-1927*, by Kung-Chuan Hsiao, Seattle: University of Washington Press, 1975.

5.*Classics of Eastern Thought*, by Lynn H. Nelson; Patrick Peebles, San Diego: Harcourt Brace Jovanovich, 1991.

6.*Fifty Eastern Thinkers*, by Diane Collinson; Kathryn Plant; Robert Wilkinson, London, New York: Routledge, 2000.